AF464617

PRÉCIS

DE

LA PHILOSOPHIE

DE BACON.

PRÉCIS
DE
LA PHILOSOPHIE
DE BACON,

ET des Progrès qu'ont fait les Sciences Naturelles par ses Préceptes et son Exemple, avec un Appendice sur quelques points particuliers appartenants au sujet général,

PAR J. A. DE LUC,

LECTEUR de S. M. la Reine de la Grande Bretagne, des Sociétés Royales de Londres et de Dublin, de la Société des Scrutateurs de la Nature de Berlin, de celle de Minéralogie de Iena, et de plusieurs autres Sociétés de Naturalistes, Professeur de Philosophie et Géologie à Gottingue.

TOME SECOND.

A PARIS,
CHEZ la Ve. NYON, Libraire, rue du Jardinet.

An XI. = 1802.

PRÉCIS

DE

LA PHILOSOPHIE

DE BACON,

Et des Progrès qu'ont fait les Sciences Naturelles par ses Préceptes et son Exemple ;
avec un Appendice sur quelques points particuliers appartenans au sujet général ;

Par J. A. De Luc,

Lecteur de la Reine de la Grande-Bretagne, des Sociétés Royales de Londres et de Dublin, de la Société des Curieux de la Nature de Berlin, de celle de Minéralogie de Iena, et de plusieurs autres Sociétés de Naturalistes, Professeur de Philosophie et Géologie à Gottingue.

TOME SECOND.

A PARIS,

Chez la Ve. NYON, Libraire, rue du Jardinet.

An XI. — 1802.

PRÉCIS

De la philosophie de BACON, *et* des progrès *qu'ont fait les* SCIENCES NATURELLES *par ses préceptes et son exemple.*

CINQUIÈME PARTIE.

Notice de progrès faits dans l'histoire naturelle et expérimentale, en suivant les routes tracées par BACON.

104. On a vu ci-devant, que BACON ne s'arrêtoit pas à la dénomination d'*éléments*, entr'autres, à l'égard de l'*air* et du *feu*; et qu'il se plaignoit, de ce qu'il n'y avoit encore à cet égard aucune *histoire* satisfaisante. Il cherchoit donc à frayer le chemin aux découvertes sur la *nature* de l'un et de l'autre de ces *fluides*; après avoir fait remarquer, en rassemblant leurs phénomènes, tant particuliers que généraux, qu'on ne pouvoit se flatter de rien découvrir de profond dans la

nature, jusqu'à ce qu'on fût parvenu à cette connoissance. Ce sont aussi les objets qu'il avoit le plus avancés par des découvertes réelles, mais surtout par des routes qui pouvoient les étendre. Je commencerai par l'*air*.

105. D'après toutes ses observations et remarques, BACON avoit conçu; que c'étoit par l'étude des *vents* et de la *pluie*, qu'on parviendroit le mieux à découvrir la *nature* de l'*air*. Il fixa le premier l'une des principales causes des *vents*; et l'auteur du *Recueil de Paris*, remarque à cet égard : « Qu'il est le « premier, qui ait *appelé fortement* l'atten- « tion des philosophes sur ces agents si im- « portants dans la nature ». Cet avertissement a été oublié, et c'est au temps même où il auroit été le plus nécessaire; c'est-à-dire, depuis 25 à 30 ans, qu'on s'est fortement occupé de physique *pneumatique*, et que pour s'y avancer avec sûreté, il étoit indispensable d'étudier assidûment ce qui se passe dans les grands laboratoires de notre globe, l'*atmosphère* et la *surface du sol*. Après BACON, la *météorologie* fut long-temps un des objets particuliers de l'attention des physiciens; les hommes les plus distingués

dans les sciences naturelles s'en occupèrent, persuadés que toutes les grandes opérations physiques sur notre globe s'y trouvoient liées. Ils travailloient donc à s'y frayer des routes, et par degrés, elles s'étoient ouvertes en effet : or c'est à ce point qu'elles ont été abandonnées, pour suivre uniquement les phénomènes chimiques manifestés dans nos laboratoires, depuis qu'on est parvenu à y produire divers *fluides aériformes*, à les combiner, et à décomposer l'*air atmosphérique*. Mais les idées que les nouveaux phénomènes faisoient naître, quant à la nature générale de ces fluides et à leur composition commune, n'ayant eu aucun grand objet de comparaison, on a conclu ces points fondamentaux d'après des expériences particulières, contre un avertissement de BACON, que j'ai déjà cité, mais qu'on ne sauroit avoir trop présent à l'esprit. « Quant un physicien, « (dit-il) n'aura recherché d'entre les *causes*, « que celles des *phénomènes*, tels qu'ils se « présentent immédiatement, c'est-à-dire, « composés de *plusieurs*; sans les avoir ré- « duits à une véritable *simplicité*, comme « par distillation; il pourra bien (s'il est con- « séquent d'ailleurs) ajouter quelque chose

« de passable et même d'ingénieux aux dé-
« couvertes ; mais il n'ouvrira aucune route
« majeure et comme *séculaire*, et il ne mé-
« ritera pas le titre d'interprète de la nature ».
(*Imp. phil.*) Il disoit encore : « Qu'il étoit
« rare qu'on pût découvrir la nature d'une
« chose en *elle-même*, ou sans étudier celles
« qui s'y lioient ». Et il regardoit avec raison ces conclusions générales tirées de phénomènes particuliers, comme une des causes qui entretenoient le *scepticisme ;* parce qu'elles ne manquent jamais d'être contredites à mesure qu'on avance dans les découvertes. Tels étoient les avis du philosophe qui avoit le plus étudié les sources des erreurs dans les recherches sur la nature ; et en particulier dans la *chimie* et la *météorologie*, qu'il regardoit comme deux branches d'une même science. C'est donc contre ces règles, dont la solidité est évidente, qu'on a décidé sur la nature de l'une des substances les plus importantes sur notre globe, l'*air atmosphérique*, sans consulter l'atmosphère ; et par-là cette détermination s'est trouvée en même temps, contraire à la *météorologie*, et un obstacle aux progrès de la *géologie*, du moins chez ceux qui s'y sont livrés.

106. BACON a donné en particulier, dans son *histoire des vents*, un modèle des recherches de ce genre ; et quoiqu'il ne fit encore que commencer dans la physique expérimentale, qu'il créoit lui-même, la manière dont il opéra sur les *faits* alors connus, en fit ressortir, malgré leur incertitude et leur confusion, l'essence fondamentale de l'*air atmosphérique*. Cette histoire, que l'auteur du recueil publié à Paris, nomme avec raison *un modèle en ce genre*, est à la suite du livre II du *Novum organum*, avec un exorde sous le titre de *Norma Historiæ præsentis*, dans lequel BACON résume ses règles générales pour former une *histoire* vraiment *inductive* de chaque grand objet; en indiquant, simplement par des titres généraux, les *cases* ou *cartes* dans lesquelles doivent être distribuées les différentes parties des recherches qui le concernent, pour en conclure ce qu'il a de *fondamental*. Après quoi, comme exemple de l'application de ses règles, bien plus que dans la persuasion d'être allé bien loin sur ce qui regarde les *vents* et l'*air*, il en commence une longue *histoire* sous cette forme. Je vais donner d'abord les *titres* de

sa division, avec quelques indices sur ce qu'ils contiennent.

I. *Articles de recherches sur les vents.* Ces *articles*, au nombre de seize, sont des indications d'objets généraux; c'est-à-dire, des différentes faces sous lesquelles les *vents* doivent être considérés dans les *faits*, pour parvenir à les bien *définir*; et plusieurs de ces *articles* sont encore subdivisés, pour expliquer plus profondement la *définition.*

II. *Histoire.* C'est ici la reprise des *articles* précédents; renfermant, sur ceux à l'égard desquels il connoissoit des observations, les *faits* rapportés par d'autres, ou qu'il avoit observés lui-même, accompagnés de ses remarques, tant sur leur degré de sûreté ou d'importance; que sur les vides qu'il trouvoit dans leurs assemblages relatifs à chaque objet, et sur les moyens qu'il concevoit pour remplir ces vides.

III. *Origines locales des vents.* Les faits sont ici divisés en deux classes; *directs* et *obliques*: les premiers sont immédiats, les derniers ne montrent rien directement sur l'objet, mais ils paroissent y avoir quelque rapport, et doivent être examinés sous ce point de vue.

IV. *Formations accidentelles des vents.* Les phénomènes sont encore distribués ici sous les deux classes précédentes ; avec la même remarque à l'égard de la dernière.

V. *Vents extraordinaires et soudains.* C'est une énumération de cas, avec description des circonstances.

VI. *Phénomènes qui se rapportent aux vents réguliers, et tendent à l'induction.* Ici les *phénomènes* se trouvent rangés sous trois chefs, d'après les objets qu'ils concernent, savoir : les *limites* des vents ; leur *succession* et leur *mouvement :* sous ce dernier chef, se trouve une longue digression, relative à l'action des *vents* sur les *voiles.*

VII. *Pronostics des vents.* BACON attache une grande importance à cet article (s'il pouvoit être bien rempli), et c'est d'après cette considération générale, qu'on verra expliquée par lui-même, que les *pronostics* des *événements naturels*, en sont comme des préludes, dans lesquels leurs *causes* commencent à se manifester. Il rassemble donc tout ce qu'on a observé, ou cru remarquer de ce genre à l'égard des *vents.* Il y a ici beaucoup de choses très-vagues, et seulement populaires ; mais il avoit pour maxime (et c'est tout ce qu'on pouvoit faire de son temps), qu'avec les précautions nécessaires pour ne se pas tromper, il falloit tout recevoir; « parce que les *erreurs* peuvent renfermer « quelque *vérité*, comme les *vérités des* « *erreurs* ».

VIII. *Imitations artificielles des vents.* En rassemblant ici les différents cas dans lesquels des *courants d'air* sont produits par des opérations, ou mécaniques, ou physiques, BACON y cherche des *indices* sur les *causes* des *vents*, qui puissent se lier avec leurs *phénomènes.*

107. Telle est la marche de cette *histoire*, d'abord *narrative*, puis *inductive*, autant que le foible degré des connoissances d'alors pouvoit la fournir; et c'est d'après ce tableau, que BACON commence de tirer quelques *conclusions*, qui se trouvent distribuées sous trois titres.

I. *Observation majeure.* C'est ici une *conclusion générale* sur la *nature*, ou ce que *Bacon* appelle la *forme* des *vents; conclusion* que je rapporterai en entier dans la suite.

II. *Canons mobiles, ou ébauchés, sur les vents.* Ce sont des *conclusions particu-*

lières, que BACON ne donne point comme fixes et déterminées, parce qu'elles doivent encore subir différents examens, tant directement, que par les rapports qu'elles se trouveront avoir entr'elles, lorsqu'elles viendront à se réunir dans quelque point reculé. C'est ici le précepte le plus sage, et en même temps le plus souvent violé, entr'autres dans la *nouvelle chimie*.

III. *Carte humaine; ou choses encore à désirer pour la connoissance des vents*. Sous cette métaphore, tirée de *cartes* où les pays inconnus se trouvent indiqués par des espaces vides, entre quelques parties déjà observées; BACON désigne ce qui reste encore à chercher sur les *vents*, et les objets qui peuvent y conduire.

108. Après avoir esquissé ce tableau, qui ne peut qu'intéresser ceux qui aiment l'étude de la nature, en même temps qu'il est propre à donner de la confiance dans les *conclusions* de BACON; je vais les reprendre, pour les détailler.

« Un *vent*, est l'*air* lui-même, mis en « *mouvement* par quelque *cause* ». Tel fut le premier principe que posa BACON d'après toute cette *histoire*; et alors, les *causes* de *mouvement* dans l'*air*, devinrent l'objet de ses recherches. A cet égard, il lui parut d'abord : que les *dilatations* et *condensations* de l'*air* par la *chaleur*, devoient mettre l'*air* en *mouvement*, soit du lieu où elles s'opéroient, à l'égard des premières, soit vers ce *lieu*, à l'égard des dernières. Mais avant que de se fixer à cette conclusion, il falloit s'assurer, par quelque expérience directe, si cette cause étoit réellement capable de mettre en mouvement d'assez grandes masses d'*air* pour produire de grands *vents* ; et l'expérience qu'il imagina, produisit le même instrument qu'AMONTONS, en le construisant plus méthodiquement, nomma depuis *thermomètre d'air* : BACON le nomma seulement *vitrum calendarium ;* parce qu'il sentoit bien qu'il ne lui fournissoit, par son *échelle*, que des mesures comparatives ; et il l'employa à ses recherches sur la *chaleur*, auxquelles je viendrai.

109. D'après les expériences qu'il fit avec cet instrument, BACON détermina suffisamment les *dilatations* de l'*air* par la *chaleur*, pour pouvoir en conclure ; que les différences d'action du *soleil* dans l'atmosphère, soit du jour à la nuit, soit entre les saisons sous les

divers parallèles, étoient une puissante cause de *mouvements* dans l'*air ;* et il chercha a y déterminer des rapports, entr'eux et avec les mouvements du soleil. Il crut voir aussi une cause de *vents*, dans le *mouvement diurne*, ou de la terre sur un axe, ou du ciel autour d'elle (car il n'étoit pas encore déterminé à cet égard).

110. Mais ces *causes* lui parurent fort loin de suffire à l'explication de tous les VENTS ; et il trouva absolument nécessaire d'avoir recours à des *augmentations* et *diminutions* absolues dans la *masse* même de l'*air :* changements alternatifs, produits dans de grands espaces, et desquels naissoient des *vents*, ou partant du lieu dans lequel la masse de l'*air* recevoit *augmentation ;* ou se portant vers le lieu, où elle éprouvoit *diminution*. Sous ce point de vue, il considéra d'abord une cause, à laquelle cependant il n'attribua pas une influence bien grande, savoir : ou de l'*air* qui sortoit des cavités de la terre, ou de l'*air* extérieur qui y rentroit ; rapportant quelques faits, pour s'autoriser à faire mention de cette cause.

111. Cependant, quelqu'effet qu'on pût assigner à ces alternatives d'émission ou d'ab-

sorption d'*air* par les cavités de la terre, elles ne pouvoient être que minimes, en comparaison du vide que laissoient, dans l'explication des *vents*, les *mouvements* produits dans sa *masse*, toujours la même, par ceux du soleil et de la terre; et BACON ne vit aucune *cause* assez puissante, et en même temps assez variée, pour remplir ce vide, très-grand à tous égards, que la *transformation* en *air*, des *vapeurs* qui s'élèvent constamment de la terre dans l'*atmosphère*, et la *décomposition* d'une partie de l'*air*, comme produisant les *nuages* et la *pluie*. Tel est l'objet de cette *observation majeure* (ou *conclusion générale* de l'*histoire inductive*), que j'ai indiquée ci-dessus, et que je vais maintenant rapporter.

« Les *mouvements* des *vents* se voient, à bien des égards, comme dans un miroir, dans les *mouvements* des *eaux*. Ainsi: — Les *grands vents* sont des *inondations* d'*air*; semblables à celles qui arrivent aux eaux; les unes et les autres provenant d'une augmentation de *quantité*. — Comme les *eaux*, ou descendent du haut, ou procédent de la terre; de même quelques *vents* descendent du haut de l'air, et d'autres y montent. — Comme on voit quelquefois dans les *fleuves*, deux *mouvements* contraires déterminer un certain *courant*, savoir ; le courant même du *fleuve*, et le flux de la mer qui y remonte : de même, lorsque deux *vents* contraires se rencontrent, le plus fort fait céder le plus foible. — Comme il arrive quelquefois dans les *courants* de la mer et de quelques fleuves, qu'un *courant* supérieur se meut en sens contraire d'un *courant* inférieur : de même dans l'atmosphère, deux *vents*, au-dessus l'un de l'autre, se dirigent souvent en sens contraires. — Comme il se forme des *cataractes* de *pluie* dans des espaces très-petits de l'*air* : de même il s'y forme des *tourbillons* de *vent* ».

112. Telle est la forme sous laquelle BACON exprime les indices généraux de changements dans la *masse* même de l'*air*, comme *causes* de *vents* ; les détails sont dans les *canons mobiles*, dont je vais traduire quelques-uns.

« 1. Un *vent* n'est autre chose, qu'une *masse d'air* en *mouvement* : mais ce *courant d'air* procède, ou de simple *impulsion*, ou de l'*introduction* des *vapeurs*.

« 2. Les *vents* par *simple impulsion*, sont produits de quatre manières : ou par quelque mouvement naturel de l'*air* ; ou par son *ex-*

pansion sur la route du soleil ; ou par sa *contraction* au retour du froid ; ou par *compression* produite par quelque corps.

« 3. La principale cause des *vents* qui se forment par l'*introduction* des *vapeurs*, est une *augmentation* de l'*air*, par de nouvel *air* qui se forme des *vapeurs* ; ce qui, augmentant la *quantité d'air* dans le lieu, fait que sa *masse* a besoin d'un plus grand *espace*.

« 4. Une masse peu grande d'*air* ajoutée dans un lieu, produit tout au tour une grande tumeur ; de sorte que le nouvel *air* procédant de la résolution des *vapeurs*, a plus d'effet à l'égard du mouvement, qu'à celui de la quantité de matière. Le corps principal du *vent* est formé d'*air* qui existoit déjà : ce n'est pas cependant que l'*air* nouveau pousse celui-là devant lui comme s'ils étoient des corps séparés ; ils se mêlent, et ensemble ils ont besoin de plus d'espace.

« 9. Les *vents* s'appaisent de cinq manières par des changements qui arrivent quant aux *vapeurs* : ou elles se contractent ; ou elles s'incorporent ; ou elles se subliment ; ou elles se trouvent transportées ; ou elles sont détruites.

« 10. Les *vapeurs*, et l'*air* lui-même, se

contractent en produisant la *pluie*, de quatre manières : ou à cause de leur grande abondance, et comme par surcharge ; ou par condensation produite par le froid ; ou par la rencontre de *vents* contraires ; ou par celle d'autres obstacles.

« 11. Les *exhalaisons* produisent des *vents* comme les *vapeurs*, mais elles ne produisent pas la *pluie* ; et les *vapeurs* produisent très-souvent des *vents* : mais ceci se rapporte à ce que les *vents* produits par les *vapeurs* se mêlent plus aisément à l'autre *air*, et se dissipent plus facilement que ceux qui sont produits par les *exhalaisons* ».

113. Telles sont les *conclusions* que BACON tiroit déjà de son *histoire des vents*, quant aux causes d'*augmentations* et de *diminutions* dans la *masse* même de l'air, et à leur effet pour y produire des *mouvements* ; mais avant que de m'y arrêter, pour montrer ce qu'elles avoient déjà de solide et très-important, je vais rassembler aussi quelques articles de l'*histoire* elle-même ; soit comme remarques générales, soit comme conduisant à ces résultats.

Voici d'abord, ce qu'on trouve dans la

préface de cette histoire : « La *nature* des *vents* est mise ici entre les choses *cachées;* et cela n'est pas étonnant, puisque la *nature* de l'*air*, ni ses propriétés, ne sont point du tout connues. Ce qui fait qu'on associe quelquefois, qu'on accouple, pour ainsi dire, les *vents* avec l'*air*, comme ÉOLE à JUNON chez les poëtes ».

Dans l'*article* I, sous le titre : *Choses qui se rapportent aux vents, soit pour les produire, soit pour les appaiser*. Le *paragraphe* 13, renferme ces questions : « Que fait aux *vents*, la différence des *vapeurs* aux *exhalaisons?* Quelles sont celles qui y contribuent le plus? Jusqu'à quel point la nature des *vents* dépend-elle de ces matières? » C'est à ces questions que se rapporte le 11me. *canon mobile*, cité ci-dessus.

Dans l'introduction à l'*histoire* sur les *origines locales des vents*, se trouve cette indication : « Les *vents* qui se forment dans le haut de l'*air*, ont deux *origines* : ils ont lieu, ou avant la *formation* des *nues;* ou par leur *dissipation* ».

XXIIme. *paragraphe*, sous le même titre : « Quant le *vent* est produit par des *nues* déjà formées : ou elles se dissipent totalement, et et il en naît un *vent* modéré ; ou elles sont *rompues*, et il en résulte une *tempête* ».

Dans le XXIIIme. « La génération des *vents* dans la masse de l'air inférieur, n'est pas plus obscure que ceci : c'est de nouvel *air*, formé d'*eau* par les *vapeurs* attenuées qui se mêlent à l'*air*, et qui étant joint à celui qui existoit déjà, requiert plus d'espace : la masse s'enfle, s'agite, et va occuper de nouveaux lieux. Sur quoi nous avons deux données : l'une, qu'une goutte d'*eau* changée en *air*, occupe au moins un espace cent fois plus grand ; l'autre, qu'une très-petite quantité de nouvel *air* introduite dans une chambre, par un soufflet, ou la fente d'une fenêtre, y met en mouvement toute la masse de l'air ; comme on le voit par les lumières ».

Dans l'article, sous le titre, *Limites des vents*, au § 13. « Il est certain que les *vents* (excepté les *tempêtes*), s'élèvent et s'accroissent graduellement, mais qu'ils diminuent plus rapidement, et cessent quelquefois tout-à-coup ».

Dans l'*article* sous le titre : *Mouvement des vents*, au début, se trouve cette remarque. « On parle du *vent* comme s'il étoit un corps distinct, qui meut et poussât l'*air* devant lui, et quand il change, on en parle comme si ce fut le *même vent*, qui se seroit transporté dans un autre lieu. C'est-là, il est vrai, le langage du peuple; mais les philosophes eux-mêmes, s'ils n'adoptent pas cette opinion, n'en ont pas une plus distincte ».

Dans l'article sous le titre: *Pronostics des vents*, au début. « Plus la *divination* est souillée d'ordinaire par la vanité et la superstition, plus on doit chercher à la rectifier, en cultivant sa partie qui est pure. La *divination* naturelle est quelquefois plus, d'autres fois moins sûre, suivant la nature du sujet sur lequel elle se porte. Si le sujet est d'une nature régulière et constante, la *prédiction* peut devenir sûre : s'il est d'une nature compliquée et changeante, la *prédiction* est plus ou moins précaire, et enfin comme au hasard. Cependant, à l'égard des sujets mêmes très-variés, si l'on y cherche avec soin des *canons* (règles ou principes) la *prédiction* sera souvent accomplie; à l'exception peut-être du *temps* précis. A l'égard du *temps* auquel l'événement, ou arrivera, ou se complétera, plusieurs prédictions pourront même être fixées avec assez de certitude; du moins celles où les *causes* se manifestent déjà en quelque sorte développées dans les préludes de l'événement, comme étant plus près de produire leur *effet*. Nous rassemblerons donc ici les *pronostics* des *vents*, que nous n'avons pu séparer de ceux de la *pluie*; mais nous tâcherons de les distinguer ». (J'ai déjà parlé ci-dessus, de la nature des faits rassemblés sous ce titre).

Conclusion du même *article*, sous le titre de *Monitum*. « La *pluie* et les *vents* ayant une *matière* presque commune : la *condensation* de l'*air* précédant toujours un peu le *vent* au lieu où il se forme, à cause du nouvel *air* qui y est produit..... La *pluie* aussi étant précédé d'une *condensation* de l'*air* (mais avec cette différence, que par la formation de la *pluie*, l'*air* accourt dans le lieu, parce qu'il y diminue en quantité; au lieu qu'il se dilate en produisant un *vent*); il faut nécessairement que les *vents* et la *pluie* aient divers *pronostics* communs.

Enfin, sous le 7me. article du dernier titre; *Carte humaine, ou choses encore à désirer pour la connoissanee des Vents*, il revient à ce point fondamental : « Qu'il ne connoît rien « de plus nécessaire, qu'une étude profonde « de la *nature* de l'*air*. »

114. Voici maintenant les idées générales renfermées dans cet ensemble, et qui règnent ensuite dans toute la physique de BACON. 1. L'*air atmosphérique* et l'*eau* sont une même substance, différemment modifiée (*consubstantialia*, dit-il dans le *Canon* XVII, de l'*Historia Vitæ et Mortis*.) — 2. Cet *air* est produit par une *transmutation* de la *vapeur aqueuse* qui s'élève sans cesse dans l'*atmosphère*. — 3. La *pluie* est produite par le retour de cet *air*, d'abord en *vapeur*, puis en *eau*. — 4. Les *augmentations* et *diminutions*, produites dans la *masse* même de l'*atmosphère* par ces alternatives, sont au nombre des principales causes des *vents*.

115. C'est ici la généralisation la plus profonde qui ait été faite des phénomènes aériens : elle n'a reçu aucun changement par le progrès des connoissances *réelles*, et elle contenoit déjà les germes des plus grandes vérités quant aux *causes cachées*, non seulement en *météorologie*, mais en *chimie*; deux rameaux d'une même branche de la *physique terrestre*, que BACON ne séparoit jamais, et dont il tenoit même jusqu'à un certain point le lien; mais il ne possédoit pas une *histoire narrative*, ni suffisante, ni assez pure, pour que ce

lien se développât encore à ses yeux. J'indiquerai les progrès de cette recherche, après avoir suivi une autre branche de phénomènes collatérale à celle-là.

116. On a vu que BACON distinguoit soigneusement les *exhalaisons* des *vapeurs*; et qu'il demandoit qu'on cherchât à démêler la différence de leurs effets dans l'*atmosphère*. Il entendoit par *exhalaisons*, des *fluides subtils*, ou qui se détachoient des corps, ou qui s'y incorporoient en d'autres occasions dans les opérations *chimiques*, soit artificielles soit spontanées; *fluides*, qu'on découvre principalement par leurs effets, parce qu'eux-mêmes échappent *le plus souvent* aux sens. Ces *fluides* entroient ainsi dans presque tous ses canons *chimiques*; de sorte que s'il eût su (ce que lui auroit appris l'*hygrologie*), qu'il ne suffisoit pas, pour que l'*eau* devînt *air*, qu'elle acquît l'*expansibilité*, il n'auroit pas balancé d'attribuer cette *transmutation de la vapeur aqueuse* en *air*, à l'union de quelqu'un de ces *fluides*; car il pensoit : que, quoique l'union des substances ténues aux corps *pondérables* (corps *tangibles*, comme il les appeloit,) y produisît les plus grands changements, et qu'elles pussent aussi chan-

ger leur *pesanteur spécifique*, elles n'apportoient aucun changement sensible dans leur *poids*.

117. Voici un premier passage relatif à cet objet. *Novum Organum*, livre I. Aphor. L.

« Le plus grand obstacle qu'éprouve l'entendement, et la cause la plus fréquente de ses erreurs, provient sans doute du défaut de sensibilité, de l'incompétence à divers égards, et des illusions des *sens*; car les choses qui frappent immédiatement les *sens*, l'emportent sur celles qui ne les frappent pas, quoique les plus puissantes; de sorte que la contemplation de la nature finissant presqu'à ce qu'on voit, les choses invisibles ne deviennent que rarement des objets d'attention. Ainsi les opérations des *fluides subtils* dans les corps *tangibles*, qui se trouvent cachées, n'entrent pour rien dans les considérations des hommes; et ils ignorent nombre de changements qui ont lieu dans la *configuration* des parties des corps *tangibles*; changements nommés communément *altérations*, parce qu'en effet, ce sont des *transports* très-imperceptibles de *particules* (*). Cependant, si ces

(*) Le mot de BACON, que je traduis ici par *fluide subtil*, est *spiritus*, terme usité dans ce temps-là,

deux choses ne sont pas recherchées et manifestées, il n'y a rien de grand à espérer quant à l'imitation de la nature dans ses opérations.

« La nature de l'*air* commun, et celle de substances, en grand nombre, qui surpassent la *ténuité* de l'*air*, sont presqu'entièrement inconnues. Les sens en effet, sont très-foibles, et sujets à l'aberration; et l'on ne sauroit attendre de grands secours à cet égard, des aides qu'on peut leur fournir. De sorte que toute vraie interprétation de la nature doit provenir d'une collection de phénomènes observés, et d'expériences convenables et bien adaptées, dans lesquelles les *sens* ne jugent directement que de l'*expérience* elle-même, puis l'*entendement*, de l'objet auquel elle s'applique. »

118. Je pourrois extraire des ouvrages de Bacon, un bien grand nombre d'autres pas-

---

et long-temps après, pour désigner les substances qu'on nommoit aussi *volatiles*. Son traducteur (tome IV, page 123) met sur ce mot une *note*, dont le sujet exige trop de discussion pour l'entreprendre ici; je le renvoie donc, avec d'autres remarques sur quelques idées du traducteur, dans l'*Appendice* à cet ouvrage.

sages, dans lesquels il parle des *fluides subtils, (spiritus)* comme de l'une des principales clefs des phénomènes dans l'*Univers physique ;* mais je n'en rapporterai qu'un de plus, tiré d'un ouvrage trop singulier, pour n'en pas donner d'abord une idée à ceux qui ne le connoissent pas, ou qui n'ont peut-être pas fait attention à sa nature.

119. L'entreprise de BACON pour l'avancement des sciences, étoit beaucoup trop grande pour un mortel; il le vit bien, mais cela ne l'en détourna pas : il en avoit à-la-fois tout l'ensemble dans l'esprit, avec un nombre prodigieux de matériaux déjà préparés; mais il mourut trop tôt, pour mettre même en ordre cette première provision; ce qui fut, à deux égards, très-facheux pour les sciences : d'abord, parce que ce qu'il avoit exécuté de ce travail, ne se trouva pas assez avancé pour frapper fortement tous les esprits : et quant à lui-même, parce que n'ayant pas rapproché dans des ensembles, déposés dans des *cases* suivant leurs rapports, tous les germes d'idées qu'il avoit conçues, ils ne purent ni se développer, ni s'élaguer, pour en tirer ce qu'il y avoit de bon, étant comprimés et mélangés dans son esprit.

120. BACON nous avertit lui-même de ce qu'il prévoyoit à cet égard : c'est dans l'introduction à un autre ouvrage, auquel je viendrai aussi, et qui prouve ce que je viens de dire. Je parle de son *PARASCEVE ad Historiam naturalem et experimentalem; qualis sufficiat, et sit in ordine ad Basin et fundamenta PHILOSOPHIOE VEROE*, où il débute ainsi : « Comme nous ne produisons notre « *instauratio* que par *parties*, il convient de « mettre ici quelque chose *hors de péril.* » Ce qu'il veut mettre du moins *hors de péril* avant sa mort, est l'ensemble de son plan; afin que d'autres puissent le suivre, s'ils l'approuvoient. Pour cet effet, il résume d'abord en dix *aphorismes*, les préceptes qu'il avoit développés précédemment, pour former l'*Histoire naturelle et expérimentale*, tant *narrative* qu'*inductive*; et ces *aphorismes* seuls, sont un trésor. Il donne ensuite un catalogue des diverses *histoires* qui doivent être préparées sur des objets tant généraux que particuliers, dont les *titres* sont au nombre de 130. On ne peut lire ce catalogue sans être frappé d'y voir que cet homme avoit porté ses regards réfléchis sur tout; mais ce qui étonne le plus, quand on étudie et on suit

réellement son plan; ce sont les liens qui étoient dans son esprit, entre toutes ces choses, en apparence si diverses; liens que je montrerai dans la suite. Au nombre de ses préceptes, il en est un dont j'ai rapporté ci-devant plusieurs passages, pour les opposer à ce qu'on lui avoit fait dire, quant aux *arts* : et ce précepte étoit même si fortement dans son esprit, qu'il en a fait les dernières lignes de cette espèce de *Testament Philosophique*. Quoique dans les *Aphor.* V et VI, il eût déjà exprimé ses idées sur l'usage le plus *relevé* des *arts*; comme cependant son catalogue d'*histoires* renferme quelques titres qui les concernent, il conclut le *Parasceve* par ces mots : « Nous ne prenons que peu d'intérêt « aux *arts*, excepté quant à ce qu'ils peuvent « fournir à l'*édifice de la philosophie*. »

121. Outre ce dépôt de *principes*, et de *plans d'histoires*, il paroît que BACON avoit préparé un moyen de mettre *hors de péril* pour *lui-même*, les idées qui venoient en foule à son esprit quand il travailloit, mais qui ne pouvoient trouver place dans les ouvrages mêmes dont il étoit occupé. Ce moyen étoit probablement, un livre blanc, tenu à sa portée, et qu'il nommoit *Sylva Sylvarum*; titre que

son imagination féconde lui avoit suggéré, pour exprimer un *mélange de mélanges.* C'est-là le vrai caractère de cette collection : tout y est déposé; principes, observations, pensées, projets d'expériences, remarques sur une variété d'objets, dont quelques-uns reviennent souvent, et sans aucune suite, excepté lorsque l'objet qu'il venoit y déposer, lui fournissoit diverses idées; mais le suivant passoit quelquefois comme d'un pôle à l'autre. Le nombre des articles de ce recueil monte à MILLE ; et sa seule division, sans rapports de sujets, est en dix *centuries :* il renferme beaucoup de futilités et d'erreurs dues, au temps; mais il y avoit aussi en réserves de profondes vérités et de grandes vues.

122. Tel est l'ouvrage dont je vais faire un premier extrait, c'est le 98e article de la 1ere. *centurie;* et il est tel, que si BACON eût assez vécu pour en faire des applications expresses dans les différentes branches de la physique qu'il avoit commencé de suivre, il y auroit vu naître des lumières au-delà même de son attente; mais elles n'ont pas été perdues. Voici cet article :

« Les pensées humaines ont été jusqu'ici déterminées par la spéculation et par la vue;

de sorte que ce qui échappe aux yeux, soit par la ténuité de certains corps, soit la petitesse des parties des corps, et la subtilité du mouvement, n'a point été un objet de recherches *directes*. Cependant, ce sont ces *choses* principalement qui régissent la nature; et tant qu'elles seront *négligées*, on ne parviendra pas à de vraies *analises* des corps, ni à la découverte des *opérations naturelles*. Les *fluides subtils* (*spiritus aut pneumatica*) qui se trouvent dans tous les corps, sont à peine connus : quelquefois on les prend pour le *vide* dans les corps, quoiqu'ils y soient *très-actifs*; quelquefois aussi on les considère comme de l'*air*, quoiqu'ils en diffèrent comme le vin de l'eau, le bois de la pierre; ou bien on les suppose un *feu naturel*, ou quelque sorte de portion élémentaire; quelquefois on les appelle des *vertus* et *qualités* des parties *tangibles*, perceptibles à la vue quand elles subsistent seules; et quand il s'agit des plantes et des animaux, quelques-uns les nomment leur *âme*. On se plaît à ces spéculations, comme aux machines optiques nommées *perspectives*, dans lesquelles on croit voir des objets réels, quoiqu'ils n'y soient qu'en peinture. Ce n'est pas là un sujet qui ne consiste qu'en *mots*, il a sa base matérielle très-solide dans la nature. Ces *fluides subtils* ne sont autre chose que des corps *raréfiés*, cachés dans les corps *tangibles*, qui en contiennent toujours plus ou moins; et ils ne diffèrent pas moins entr'eux, que ne diffèrent ces corps : d'eux, et de leurs *mouvements*, dépendent principalement l'*aéréfaction*, la dissolution, la concoction, les mutations, la putréfaction, et les autres principaux effets dans la nature....

« Les recherches des chimistes ont produit assez de lumière à l'égard des corps *tangibles*; par leurs analises, ils ont distingué les substances en aqueuses, huileuses, crues, pures, impures, épaisses, ténues, et autres semblables sous différentes désignations générales.... Mais quant aux substances *subtiles*, à leurs *différences*, à leurs *combinaisons* dans les corps (qui produisent de grands effets,) ils sont loin de les avoir toutes aperçues, parce qu'elles sont *invisibles*, et bien des *petits mouvements*, qui ont tant de pouvoir, leur ont échappé par la même raison : c'est donc par l'ensemble de l'expérience qu'il faut chercher ces choses. Quelqu'un, critiquant la doctrine de DÉMOCRITE, lui opposoit comme un grand reproche, qu'il composoit le monde d'atomes *aussi petits* que ceux qu'on *voyoit* dans l'air quand il est traversé des rayons du soleil. — « L'*atome!* (s'écria-t-il) c'est la « raison et l'expérience qui doivent le mon- « trer; car personne n'a *vu* un *atome*.

123. Quelle généralisation de ce qu'il avoit déjà observé! Il est heureux qu'il l'ait au moins consignée dans ce dépôt; puisqu'il n'a pas assez vécu pour se livrer lui-même à des expériences qui pussent faire ressortir ces *fluides*, non sans doute aux yeux du corps; mais à ceux de l'entendement, qui voit leur indispensable nécessité dans toute la *chimie*, tant de nos laboratoires, que de ceux de la nature. Faute cependant de ces applications (qui ne pouvoient être le travail d'un seul homme,) la lumière qui commençoit ainsi à paroître dans la physique, a été sans aliment pendant plus d'un siècle; car durant tout ce temps-là, on a continué à ne s'occuper que des choses immédiatement *tangibles*, des *solides* et des *liquides*. Depuis le milieu du siècle passé, la chimie a fait un pas de plus; on a découvert plusieurs fluides *coercibles* et *pondérables*, qu'on a soumis à des expériences directes; ce qui a mis plus à découvert, par de

nouveaux détails, le phénomène des *affinités*; mais non aussi profondément que le désiroit et le recommandoit BACON. Aussi les nouvelles *théories chimiques* ne sont-elles pour la plupart, que des assemblages de *formules* sur certaines classes d'objets, dans lesquels sont envisagés comme *simples*, des phénomènes qui, examinés d'après leurs rapports avec d'autres classes, sont évidemment composés de *plusieurs*. Cependant il ne faut pas s'étonner de ce que la plupart des chimistes se sont laissés entraîner à ces recherches superficielles; puisqu'on avoit décidé au nom de BACON, que *la nature étoit impénétrable*. La conséquence qui en est résultée, aux yeux de ceux qui portent plus loin leurs regards sur les opérations de la nature; c'est que quand on vient à comparer ces *formules* aux phénomènes *chimiques* qu'offrent, tant l'*atmosphère* que la surface du sol, elles ne peuvent s'y appliquer profondément nulle part, et sont souvent contredites.

124. BACON auroit peut-être été entraîné lui-même à des explications particulières, avant que d'être arrivé à des principes généraux (et il l'a fait à quelques égards), s'il se fût livré aux détails des expériences: car on est tenté de

le faire, quand les résultats semblent avoir acquis de la précision. Mais la profondeur de son génie le garantit de heurter souvent contre cet écueil; parce que voyant combien peu on avoit avancé, à cause de l'imitation ou de l'esprit de contradiction; par le ton dictatorial des uns, ou le scepticisme des autres; il voulut étudier à l'école même de la *nature*. Mais, là, fidèle à son grand but, il ne tiroit pas le rideau sur les phénomènes qu'il ne comprenoit pas, lors du moins qu'ils lui paroissoient tenir à des causes profondes; il les marquoit fortement, pour qu'ils fussent examinés; et il ne seroit pas passé outre, il n'auroit pas pris confiance aux conquêtes dans des pays ouverts, en laissant ces places fortes derrière lui.

125. J'ai fait mention ci-dessus des plans d'*histoires*, que BACON présentoit de front dans son *Parasceve*; c'est-à-dire, comme devant être toutes avancées à un certain degré, avant que d'établir aucun système général de la *nature* : je vais maintenant en séparer un groupe, appartenant spécialement à la *chimie*; après quoi je montrerai les liaisons de ce premier ensemble, avec d'autres *histoires* du même catalogue. Les *histoires* dont je veux parler,

parler, sont celles : des *éclairs*, du *tonnerre*, de la *foudre*, des *coruscations* (quant aux phénomènes *ignées* dans l'atmosphère); de l'*humidité*, des *rosées*, des *brumes*, des *pluies*, des *vents*, des *averses*, des *tempêtes*, de la *grêle*, des *cataractes* (quant aux phénomènes *aqueux*); de la *lumière*, du *feu*, de l'*air*, des *exhalaisons*, en comprenant dans celles-ci tous les *fluides subtils*, comme devant conduire à l'explication des autres phénomènes; enfin, et surtout, de l'*expansibilité*, comme étant, après la *gravité*, celui des *phénomènes généraux* qui devoit participer le plus à tous ceux-là.

126. Lorsqu'on est parvenu assez avant dans la physique sans s'être laissé entraîner à des explications vagues et éparses de phénomènes particuliers, et qu'on examine attentivement ce groupe d'*histoires*; on en voit les parties tellement liées entr'elles, qu'on ne sauroit en séparer aucune, sans qu'il n'en résultât un vide quant aux moyens d'arriver aux *causes reculées* dans la nature; de sorte que les explications des autres phénomènes ne pourroient qu'être incohérentes, superficielles, et nullement conformes à ce qui existe réellement. Il faut, dis-je, que tout ce groupe

s'avance de front, de manière à manifester les liens de ses parties par des causes de certains *genres* ou de certaines *classes* au moins, avant qu'aucune *cause* immédiate des *phénomènes* les mieux déterminés en apparence, puisse être fixée avec le moindre degré de sûreté. Tel est le précepte cardinal de BACON, dont l'importance se manifestera successivement.

127. Je prendrai d'abord pour exemple les *cataractes*; auxquelles on pense peu en Europe, parce qu'elles y sont rares : cependant elles sont du genre des *averses*; elles se lient, par quelque cause commune, aux *pluies* ordinaires; et par d'autres causes, à la *grèle*, aux *éclairs*, au *tonnerre*. BACON étoit extrêmement frappé de ce *phénomène* des *cataractes*, précisément parce qu'il n'y concevoit rien, et qu'en même temps il ne doutoit pas qu'il ne fût lié à d'autres grandes choses. Il en parle entr'autres dans le *Novum Organum*, Liv. II. Aphor. XXXV, sur la fin duquel il s'occupe de la *pesanteur*; et c'est sous ce point de vue qu'il le cite, en ces termes :

« Dans les navigations sur la mer Atlantique, *vers* les deux Indes, on observe des *cataractes*. La masse d'*eau* qui tombe alors tout-à-coup et avec violence, sembleroit indiquer que cette *eau* étoit rassemblée et fixée au-dessus de ces lieux, et qu'elle s'en détache alors et tombe, non par la gravité seulement, mais comme lancée avec force. De sorte qu'on seroit porté à conjecturer, qu'une masse compacte, étant assemblée à une grande distance de la terre, pourroit y rester comme *suspendue*..... Mais ce qu'on voit principalement ici, c'est combien nous sommes *pauvres* dans l'*histoire*; puisqu'au lieu d'*expériences*, on est livré à des *suppositions*. (*) »

128. Un autre phénomène ayant frappé BACON, sans qu'il pût encore y rien comprendre, il l'avoit consigné dans son *Sylva*

(*) Le traducteur françois de BACON (tome V, page 326), traduit *cataracta* pour *trombe;* mais ce n'est pas le même phénomène. Je ne dirai rien des *trombes*, parce que je n'en ai jamais vu; mais les *cataractes* dont parle BACON ne diffèrent en rien des énormes *averses* qui ont lieu quelquefois dans nos climats, et dont les inventeurs de la *chimie moderne* ne s'étoient pas occupés comme notre philosophe, pour s'en *étonner* du moins, et savoir se dire : *Combien ne sommes-nous pas pauvres dans l'histoire !*

Silvarum, en hasardant une conjecture; c'est l'article 912, appartenant à la dernière *centurie*.

« Il est surprenant (dit-il) que quoique le *Nil* inonde l'*Égypte*, il n'y ait presque point de *pluie* dans cette contrée. La cause peut en être, ou dans les *eaux*, ou dans l'*air*, ou dans celles-là et celui-ci en même temps...... L'*air* paroît en être la principale cause : il peut être en lui-même fort ténu, et comme *altéré*; de sorte qu'il absorbe avidement l'*eau*, et ne permet pas qu'il y en ait assez dans l'état de *vapeur*, pour produire la *pluie*. »

129. Ce phénomène est sans doute très-remarquable; mais le *contraste* qui frappoit BACON, n'en est qu'une circonstance accidentelle, qui ne pouvoit le conduire directement à aucune explication *météorologique* : cependant il le notoit; et il n'auroit rien affirmé sur la manière dont s'opère la *pluie*, jusqu'à ce qu'un fait si remarquable, fût venu s'y lier. Le *contraste*, qui est ici la chose immédiatement frappante, procède de ce que le *Nil*, après avoir reçu dans la région de ses sources, les eaux qui produisent ses débordements, coule vers le Nord, et arrive ainsi dans une

région toute différente de celle-là, où sa comparaison immédiate avec les *pluies* ne peut conduire à rien. Ce phénomène du *Nil*, n'est donc au fond qu'un exemple du grand phénomène des *pluies périodiques* dans les régions qui bordent l'équateur jusqu'à une certaine distance. On a essayé (entr'autres le docteur FRANKLIN) d'expliquer ce phénomène, d'après une idée conçue en Europe, où les phénomènes de la *pluie* sont rarement assez frappants pour redresser les conjectures erronées; à moins qu'on n'y apporte beaucoup d'attention, avec des connoissances préliminaires. On avoit imaginé, dis-je, comme cause de l'*évaporation*, une *dissolution* de l'*eau par l'air*, supposée d'autant plus grande, qu'il étoit plus *chaud*; et pour cause de la *pluie*, la circonstance inverse, ou le *refroidissement* : hypothèse qui s'étoit même tellement accréditée, que beaucoup de physiciens la conservent encore. On disoit donc, à l'égard de ces *pluies* entre les tropiques, qu'après que l'*air* s'étoit chargé de beaucoup d'*eau*, par la grande *chaleur* du climat, il survenoit quelque vent *froid* dans le haut de l'atmosphère, qui faisoit précipiter cette *eau* en grande abondance. Mais l'hypothèse elle-même ne provenoit, que de ce qu'on ne connoissoit point encore l'*hygrométrie*, ni même l'*hygrologie*. C'est par ces nouvelles lumières, que l'objet général de la *pluie* a été mieux vu : on s'est convaincu, qu'elle ne procède point de *refroidissement* ; ni par conséquent de *vapeurs* encore existantes comme telles ; mais, comme le pensoit BACON, de l'*air* lui-même, qui est une *transformation* des *vapeurs*. Quant aux *pluies* extraordinaires dont il s'agit ; on ne connoissoit pas assez leurs circonstances, pour tenter de les expliquer. Ces *pluies* sont si étonnantes, si peu liées à aucune cause sensible, elles sont accompagnées d'un tel *tumulte* dans l'atmosphère, que dans ce temps-là (les *moussons*), quelques Indiens imaginent, qu'il se fait dans la région de l'air un combat entre les bons et les mauvais *génies*.

130. Tous les phénomènes de la *pluie* concourent à fixer, comme sa cause immédiate, le mélange de quelque *fluide expansible* particulier (ou *exhalaison*) qui décompose l'*air*, et lui fait reprendre trop rapidement la forme de *vapeur*, pour que celle-ci puisse se conserver. On n'a pas fait encore des expériences directes pour découvrir, si ce *fluide* ne se

manifesteroit point par quelqu'autre propriété *chimique*, en agissant sur des substances connues : mais quand tous les physiciens actifs seront persuadés (comme ils le seront indubitablement lorsque j'aurai publié mon nouvel ouvrage), que la *pluie* a certainement cette cause; ils se sentiront portés à quitter quelquefois nos petits *laboratoires*, pour aller étudier celui de l'*atmosphère* sur les montagnes. Ces temps de grandes *pluies périodiques* comparées, dans le même climat, aux longues *sécheresses*, pourroient, en y observant sur les montagnes, donner lieu à d'utiles expériences sur cet objet : mais ce sont les parties les moins accessibles de ces contrées pour les Européens, à cause de leurs habitants. Je suis informé de cet empêchement par un de mes Fils, qui l'a éprouvé au Bengale dans quelques tentatives, et de qui j'ai reçu des observations sur ces *pluies*, que je rapporterai dans l'ouvrage annoncé ci-dessus.

131. Je viens de parler de l'*hygrologie* et de l'*hygrométrie*; et j'en tirerai un nouvel exemple, toujours simplement indiqué, de l'étroite liaison qui se trouve entre les différentes *histoires* dont j'ai formé ci-dessus un premier groupe d'après BACON. Parmi ces

histoires se trouvent celles de l'*humidité*, des *rosées* et des *brumes;* phénomènes fort *simples* en apparence, et que d'ordinaire on croit suffisamment connus. Mais BACON ne pensoit pas ainsi; et l'*humidité* en particulier, lui paroissoit un phénomène très-obscur, quoique très-important à connoître. Il rapportoit les diverses définitions qu'on en avoit données, et montroit qu'elles n'étoient que de simples descriptions d'apparences considérées sous différents points de vue, ce qui produisoit leur variété; et qu'elles ne pénétroient point jusqu'à la *forme* de l'*humidité*, à sa nature essentielle. Or c'est par l'étude approfondie de ce phénomène, qu'ont été d'abord écartées quelques hypothèses générales, conclues de faits particuliers, et qui par-là se sont trouvées sans fondement, quand elles ont été soumises à un examen rigoureux : ce qui du moins a ouvert la route à une vraie étude des phénomènes atmosphériques; je n'en donnerai ici qu'un exemple.

132. Les *rosées* et les *brumes* paroissoient très-mystérieuses à BACON, et il recommandoit qu'on les étudiât, conjointement aux autres phénomènes météorologiques : on les avoit beaucoup étudiées avant le milieu du

siècle passé, mais isolément; et c'est pour cela qu'on croyoit en avoir trouvé la cause, quoique d'une manière vague. Ce fut le premier phénomène météorologique que j'étudiai environ ce temps-là; et malgré les explications qu'on en donnoit, je ne le compris pas mieux que BACON : on se contentoit trop aisément, et on croyoit l'entendre, parce qu'on n'avoit pas un point fixe de comparaison, l'*hygrométrie* n'étant pas née. Un *refroidissement* simple de l'*air*, ou des *refroidissements* comparatifs de l'*air* et du *sol*, étoient les causes qu'on avoit attribuées à ces phénomènes : mais quand on est venu à les observer avec toutes leurs circonstances, à l'aide du *thermomètre* et de l'*hygromètre*, on a reconnu que le *refroidisssement* n'en étoit qu'une des causes, et que delà procédoient les grandes anomalies des observations, en ne les comparant qu'à cette cause, encore indéterminée; mais quand ses effets ont été positivement déterminés par l'expérience, ces phénomènes, par leur exubérance, comparativement à la cause supposée unique, sont venus se lier à celle de la *transformation* des *vapeurs* en *air*; comme je le montrerai dans l'ouvrage dont je viens de parler.

Je l'ai déjà dit : si l'on parcourt les ouvrages de BACON, avec l'esprit prévenu de quelques-unes des hypothèses qui règnent aujourd'hui, en les regardant comme certaines ; et avec la connoissance d'une multitude de faits qu'il ignoroit, sur lesquels même il se trompoit quelquefois ; ses traités d'*histoire naturelle* et de *physique* ne peuvent paroître qu'un amas confus d'erreurs et d'idées vagues. Mais pour ceux qui voient clairement ce qui manquoit alors et qui manque encore dans les bases des sciences naturelles ; qui ont saisi les principes de ce grand homme, et qui, entrés dans les routes qu'il avoit ouvertes, s'y sont avancés suivant ses conseils ; cette espèce de nébulosité ressemble à certains nuages verts, qui occupent d'abord les eaux des tourbières (quand on y a fait des creux en tirant la tourbe) et qui sont des rudiments de plantes. BACON entrevoyoit la liaison de tous les *météores* avec la *nature* de l'*air atmosphérique*, et il vouloit qu'on recherchât cette liaison. Mais il posoit déjà pour base, que la masse pondérable de cet *air*, étoit l'*eau* ; et que l'*atmosphère* contenoit, outre ce *fluide*, et la *vapeur aqueuse*, une multitude d'autres *fluides* ; les uns *coercibles*, d'autres très-*subtils*.

Or on conçoit, que quelques-uns de ces derniers peuvent être susceptibles de se combiner, suivant les circonstances, les uns avec la *vapeur aqueuse*, pour la transformer en *air*, les autres avec celui-ci, pour le réduire de nouveau en *vapeur aqueuse;* non sans produire, suivant les cas, beaucoup d'autres *météores* très-frappants, qu'on observoit sans s'embarrasser des *causes*. Tous ces *fluides*, et ainsi l'*air atmosphérique* lui-même, procèdent des divers *sols* et des *eaux*, et y retournent; suivant certaines circonstances, à la vérité peu connues encore, mais qui le sont déjà assez sous cette forme générale, pour éclairer bien des phénomènes autrefois inintelligibles, et pour donner l'espérance de futures découvertes.

134. Telles sont, dis-je, indubitablement les causes générales, non seulement des phénomènes *atmosphériques*, mais de leurs liaisons avec ceux du *sol* et des *eaux;* et c'est encore suivant cette remarque importante de Bacon : « Il n'arrive aucun changement dans les corps, que d'autres corps voisins n'y participent; et aucun assemblage de substances ne peut rien perdre, que d'autres ne le reçoivent : il faut donc chercher les rapports et

les effets de ces changements». Ce sont des effets réciproques de ce genre, qui ont lieu entre l'*atmosphère* et sa *base ;* et là se trouve la principale clef de tous les phénomènes terrestres. Ces rapports seront sans doute difficiles à découvrir ; mais ici encore vient s'appliquer une des maximes de BACON, dont la vérité est évidente. « Si l'importance de l'objet a une grande proportion avec la peine qu'il donnera pour l'étudier, il faut ; ou entreprendre l'étude avec courage et persévérance ; ou ne pas prétendre à *interpréter* la *nature*, ni nier qu'on puisse l'*interpréter* ».

135. Je laisserai en arrière pour le présent deux des *histoires* renfermées dans le premier groupe que j'avois formé au §. 125; celles de la *lumière* et du *feu ;* qui ne trouveront leur place qu'après que j'aurai montré, ce dont j'ai prévenu en présentant ce groupe, que quoique les *histoires* dont il est composé, aient entr'elles des liens dans un grand objet, la *météorologie*, BACON ne les séparoit point, et avec raison, de toutes les autres *histoires* qui entroient dans son grand plan ; parce que leurs objets ne sont pas isolés dans la nature.

136. Aux phénomènes *atmosphériques*,

BACON réunissoit ceux de la *terre*, et même des *corps célestes;* comme étant un ensemble soumis à des *causes reculées* communes, auxquelles on n'arriveroit point sans l'embrasser en entier. A l'égard des *corps célestes;* il vouloit qu'on fît les *histoires*, de la *lumière* que répandent les *étoiles* et le *soleil*, du *mouvement des planètes*, et de ce qui occupe l'*espace* entre ces grands corps. Quant à la *terre*, il vouloit des *histoires* relatives à sa division en *terres* et en *mers*, à la configuration des premières, à leurs *montagnes*, *vallées* et plaines, à la nature des substances dont elles sont composées, et à leur arrangement. Tout cela, dis-je, et d'autres *histoires* plus particulières encore, auxquelles je serai obligé de venir pour remplir ses vues, arrangé de front dans son *Parasceve*, formoit à ses yeux un ensemble, qu'il falloit embrasser en entier, si l'on vouloit remonter aux *causes générales* qui agissent dans l'*Univers*, et parvenir par-là à découvrir *leur origine* : ce qu'il ne regardoit pas comme impossible. Je vais esquisser ce qui est déjà réalisé de ses espérances; en commençant par la *terre*, dont il considéroit les phénomènes comme des *échelons* par lesquels on pouvoit s'élever jusqu'à un certain point, à ceux des corps-célestes. Ce sera aussi dans le cours de cette exposition, que je reprendrai les objets de la *lumière* et du *feu*, que j'ai renvoyés jusques-là, parce qu'ils y sont aussi nécessaires qu'à la *météorologie*.

137. Ce n'étoit en effet que par une *histoire narrative* complète, de l'*atmosphère*, des *mers* et *terres*, et des *montagnes*, *vallées* et *plaines* qui forment celles-ci, qu'on pouvoit arriver à une *histoire inductive*, qui conduisît d'abord à fixer les idées sur le *globe terrestre*. BACON a même tenté d'en esquisser la recherche; mais il n'étoit pas assez avancé dans cette *histoire* pour rien déterminer, ni même apercevoir à cet égard : il ne le prétendoit pas non plus; il voyoit bien ce qu'il lui manquoit; et il l'indiquoit lui-même partout, autant du moins qu'il lui étoit déjà possible de le comprendre. Cependant il traçoit la vraie route; et je vais indiquer en abrégé ce qu'on y a trouvé depuis, en commençant par l'*histoire narrative* des *terres* de notre globe.

138. 1. Toute la masse de nos *continents*, à partir des plus grandes éminences, jusqu'aux plus grandes profondeurs où l'on ait pu pénétrer, se trouve composée de substances assem-

blées par *couches :* c'est ce qu'on nomme les substances *minérales.* — 2. Ces *couches* (mettant à part les substances volcaniques) sont parallèles entr'elles dans les mêmes masses continues; quoique ces masses soient souvent formées de *couches* très-différentes. — 3. Les *couches* dont on a lieu de croire qu'elles ont été produites les premières, parce qu'elles n'en *recouvrent* jamais d'autres, et en sont toujours *recouvertes* dans leurs associations, consistent dans des amas de petits *crystaux* de différentes espèces, liés entr'eux très-intimement (le *granit*) : les suivantes participent encore à la *crystallisation*, mais d'une manière plus confuse, avec changement de substance. Viennent ensuite d'autres *couches*, très-variées dans leurs substances, qui ne sont plus composées que de petits *grains*, plus ou moins fins et fortement liés ; enfin, des *sables* désunis, recouvrent le tout en nombre de lieux. — 4. On ne trouve aucun vestige de *corps organisés* dans les premières de ces *couches;* il s'en trouve dans les suivantes, quelquefois en prodigieuse quantité ; la plupart de ces *corps* sont *marins ;* dans d'autres *couches* on en trouve de *terrestres*, mais toujours avec quelque mélange de *corps marins.*

— 5. Les *couches* de toutes ces classes se trouvent quelquefois *horizontales ;* mais le plus souvent elles sont *inclinées*, et à divers degrés, jusqu'à devenir *verticales*. — 6. Partout où l'*inclinaison* des *couches* est forte, leurs masses présentent des faces *abruptes*, où l'on voit les *sections* des *couches ;* et ces *sections* forment, quelquefois en partie, d'autres fois en totalité, les faces de grandes *montagnes*, vers les *plaines* ou dans les *vallées ;* tandis qu'ailleurs ces *sections* forment les sommets. Les *couches* les plus *horizontales* sont aussi toutes parsemées de *fractures ;* ces solutions sont quelquefois fort larges, jusqu'à former de grandes *vallées*, aux côtés desquelles on voit les *sections* des *couches ;* et alors aussi, en plusieurs lieux, leur *inclinaison* diffère beaucoup d'un côté à l'autre de la *vallée*. — 7. En divers endroits les *couches*, ou *horizontales* ou peu *inclinées*, en recouvrent d'autres fortement inclinées, de classes qui ailleurs se trouvent parallèles avec elles, quoique toujours *inférieures*. — 8. Quand on perce au travers des *sables*, étendus aussi par *couches* sur les plaines ou les collines, on trouve sous eux çà et là, des couches *pierreuses*, qui participent au désordre

sordre décrit quant à leurs masses découvertes. — 9. Enfin, toutes ces faces *abruptes*, des *montagnes* comme des *collines*, dans lesquelles se voient les *sections* des *couches*, se *dégradent* continuellement : l'action des météores les gerce, les fragments en tombent et s'accumulent à leur pied, où ils s'élèvent en *talus* contr'elles; mais ces *talus* arrêtent les *éboulements* dans les parties qui en sont successivement recouvertes. Sous les faces fort élevées, ou dont la pierre se gerce aisément, les *talus* étant sans cesse recouverts de nouveau moellon, les plantes ne peuvent s'établir ; celles qui y croissent d'abord, sont successivement ensevelies : mais sous les faces moins élevés, ou dont la pierre se gerce si peu, qu'elle se couvre de mousses ou de lichens; les *talus* sont couverts de gazon, de brossailles ou de forêts, et sont souvent cultivés dans le bas des montagnes, suivant la grosseur ou la nature du moellon, que les végétaux recouvrent successivement, à mesure qu'il en tombe de nouveau.

139. Par ces traits précis (et beaucoup d'autres que j'omets pour la brièveté) appartenants à l'*histoire narrative* de nos *terres*, leur *histoire inductive* a pu être faite avec beaucoup de

sûreté; et elle a produit les *conclusions* suivantes. 1. Puisque toute la surface de nos *continents*, dans leurs montagnes et leurs collines, présente des *faces abruptes* en état de *dégradation;* puisque les matériaux qui tombent à leurs pieds, recouvrent de plus en plus ces faces, et y arrêtent les éboulements; puisque cette opération est *terminée* en divers endroits, et *continue* en beaucoup d'autres : il faut qu'elle ait *commencé* à une certaine *époque*. Et puisqu'on voit des *progrès* sensibles dans cette opération, tellement qu'on peut comparer ce qui s'est produit dans des *temps* connus, avec la totalité de ce qui a été *opéré*, on peut trouver la *distance* de cette *époque*. — 2. Puisque dans les montagnes et collines des diverses parties de nos *continents*, on n'aperçoit pas de différence dans les données de ce calcul *chronologique;* cette *époque* doit être commune à toutes leurs parties. — 3. Puisque ces *éboulements* ne procèdent que de *faces abruptes*, produites par des fractures, renversements et divisions de la masse des *couches;* notre globe a dû subir quelque grande *catastrophe*, qui a laissé nos *continents* dans l'état où les *dégradations* ont dû *commencer*. — 4. Puisque dans ces masses en si grand désordre, on voit çà et là, au travers de leurs coupures profondes, des masses de couches *horizontales* ou peu *inclinées*, qui se sont formées sur d'autres espèces de *couches* très-*inclinées*, dont elles recouvrent la *section* supérieure; notre globe a certainement subi *catastrophe* sur *catastrophe*. — 5. Puisque nombre de ces *couches*, quoique *pierreuses*, renferment des *corps organisés*; elles doivent avoir été accumulées dans un état de *mollesse*. — 6. Puisque sous ces *couches*, il y a de très-grandes masses d'autres *couches*, parallèles à celles-là dans bien des montagnes, qui ne contiennent point de *corps organisés*; il faut que les *êtres organisés* n'aient paru sur notre globe, qu'après la formation des premières *couches*. — 7. Enfin, puisque la plupart de ces *corps organisés* sont *marins*, et qu'il s'en trouve même de ceux-ci parmi les corps *terrestres*; puisqu'encore, les premières *couches* sont un amas de petits *crystaux*; et en général, puisque toutes ces différentes substances formant la masse observable de nos continents, ont été étendues *par couches successives*; il faut qu'elles aient été produites dans un *liquide*.

140. Je vais présenter maintenant un ré-

sumé de ces premières *inductions* sous la forme usitée par BACON, celle de *canons* ou *principes* : ce seront donc des *canons géologiques*, tels qu'ils sont admis aujourd'hui de tous ceux d'entre les *géologues* qui, par leurs travaux et leurs découvertes, ont bien mérité des sciences naturelles.

1. Toutes les *substances minérales* qui composent la masse observable de nos *continents*, se sont formées par *couches* successives, dans un *liquide* qui, un temps, couvroit tout le globe. — 2. Elles ont été séparées de ce *liquide*, par *précipitation* chimique. — 3. Dans le cours de leur formation, ces *couches* ont subi diverses *catastrophes*. — 4. Dans la dernière de ces catastrophes, la *mer* fut transportée au lieu qu'elle occupe maintenant, et nos *continents*, son ancien *lit*, prirent naissance. — 5. A cette dernière *époque*, les *nouvelles terres* commencèrent de subir les diverses actions des causes atmosphériques : ces actions *continuent*; et d'après ce que chacune, dans son genre, produit dans des *temps* connus, comparé à ce qu'elle a *déjà* produit, on peut remonter à cette *époque* par de vrais *chronomètres* de divers genres.

141. C'est-là l'*histoire inductive* la plus complète qui ait été formée sur de grands objets compliqués; elle regarde le plus grand des objets de la nature qui fut à la portée des hommes; et c'est par elle, suivant le désir et l'espérance de BACON, que nous allons remonter aux *causes*. C'est la *chimie* qui doit ici être notre guide : non pas la *chimie particulière*, c'est-à-dire, celle qui dirige aujourd'hui nos opérations; car elle ne peut embrasser que celles qui ont lieu actuellement sur notre globe, où il ne se passe rien, ni ne s'est rien passé depuis que la présente race des hommes observe, qui ait aucun rapport avec la formation de *couches minérales*. C'est donc la *chimie générale*; ce sont les *canons chimiques* conclus de tout ce que la *chimie* nous a appris jusqu'ici, qui doivent nous éclairer sur cette route; et l'objet vers lequel nous devons nous diriger d'abord, est l'*époque* quelconque à laquelle le *liquide* qui couvroit tout le globe contenoit toutes les *substances minérales*, sans qu'il s'en fût encore séparé aucune. Je vais donc rassembler sommairement les *principes chimiques* qui nous conduisent à caractériser précisément cette *époque*.

142. 1. Quand différentes substances se trouvent combinées à la fois *chimiquement* dans un *liquide*, le *temps* n'opère rien pour les en séparer ; il faut qu'il intervienne quelque nouvelle *cause*. — 2. L'*évaporation* occasionne quelques *précipitations* ; et le *refroidissement* en est une autre *cause*, avec cette circonstance, que dans un même *liquide*, elle agit à divers degrés sur différentes substances, et peut ainsi en produire la séparation ; or il y a lieu de croire, que dans le commencement, notre globe a eu plus de *chaleur* qu'il n'en a conservé. Cependant il est certain (par des raisons dans lesquelles je n'entrerai pas ici), que ni l'*évaporation* ni le *refroidissement* n'ont eu une part sensible à la production de nos *couches minérales* ; ainsi il faut avoir recours à quelque autre *cause*. — 3. La cause générale de la majeure partie des *précipitations*, est l'introduction de nouveaux *ingrédients* dans le *liquide*. — 4. Ces *ingrédients* peuvent être sous la forme de *fluides expansibles*. — 5. Les suites de ces nouvelles *introductions* sont : la combinaison de quelques-uns des ingrédients de la masse, *précipités* sous la forme *solide* ; d'autres combinaisons dans le *liquide*, qui le préparent à

de nouveaux produits quand il recevra d'autres ingrédients ; et l'émission de quelque *fluide expansible*.

143. Voici maintenant des *canons géologico-chimiques* bien avancés, résultants de la combinaison des deux ensembles précédents.

1. Il y eut un *temps* où un *liquide*, qui couvroit tout notre globe, contenoit à la fois les *substances* qui ont produit tout ce que nous y voyons et apercevons. — 2. De nouveaux *ingrédients*, s'élevant successivement de l'intérieur du globe dans le *liquide* (car ils ne pouvoient provenir d'ailleurs), y produisirent successivement différentes espèces de *précipitations*. — 3. A mesure que ces *précipitations* formoient les couches minérales, il s'échappoit du *liquide* nombre d'espèces de *fluides expansibles ;* delà naquit l'*atmosphère*, qui changeoit ainsi successivement de nature à quelques égards *sensibles*. — 4. Par l'introduction successive du *liquide* dans l'intérieur du globe, alors composé seulement de poudres désunies, (ce qui y formoit diverses nouvelles combinaisons, ayant réaction sur le *liquide* extérieur, et y faisant continuer diverses espèces de *précipitations*), des *ca-*

vernes se formoient sous les *couches*; ce qui occasionna toutes leurs *catastrophes*, et enfin la dernière, dans laquelle tout ce qui restoit du *liquide* à l'extérieur, se retira sur la partie du globe occupée par la *mer* actuelle, et nos *continents* parurent. — 5. Depuis cette époque, toutes les grandes opérations, telles que les *précipitations* dans le *liquide* (ou la mer), les *catastrophes* des *couches minérales*, et les *changements* dans l'*atmosphère*, ont cessé. — 6. Ainsi, les produits jusqu'ici permanents, du *liquide* lui-même, et de toutes les opérations qui ont eu lieu dans son sein, comme par lui dans l'intérieur du globe, sont : les substances observables de nos *continents*, l'*atmosphère*, et la *mer*, qui est le *résidu* du *liquide*. — 7. Enfin, mettant à part le cours régulier des phénomènes, dont les causes sont dans l'*atmosphère*, le *sol*, les *eaux* et les *rayons du soleil*; mettant aussi à part un travail intérieur, qui produit de temps en temps des éruptions *volcaniques*; et l'accumulation de la *glace* vers les *pôles* et sur les hautes *montagnes*; il ne se produit plus sur notre globe que des effets mécaniques superficiels, qui sont principalement des *éboule-*

ments, combinés avec l'action des *eaux courantes*; et ces effets vont en *diminuant*.

144. Comme c'est dans l'ensemble de ces propositions que consiste toute la *théorie* de la *terre*, je n'ai pu en donner que des indications; leurs développements sont dans mes autres ouvrages, principalement dans mes *Lettres géologiques* adressées à M. le professeur BLUMENBACH, de Gottingue, publiées à Paris en 1798; (*) mais j'ai rassemblé, par de nouveaux voyages géologiques, de quoi les appuyer d'une multitude d'observations particulières, lorsque j'écrirai de nouveau sur ce sujet, comme je me le propose. Je continuerai donc cette esquisse; car j'ai encore beaucoup de chemin à faire par des routes sûres; et l'objet qui doit maintenant fixer notre attention, est cette *époque*, si précisément caractérisée par la *géologie* et la *chimie*, où un *liquide*, qui couvroit tout le globe, renfermoit les substances dont sont composées toutes les choses que nous y observons. Qu'est-ce qui déterminoit cette *époque*? De quoi avoit-elle été *précédée*? Ce sont-là sans doute des questions très-importantes, et en apparence bien hardies. En effet, on croyoit

(*) Et se vendent chez la ve. NYON, rue du Jardinet.

autrefois que le *passé*, quant à l'*origine des choses*, étoit livré à l'imagination. Mais BACON ne pensoit pas ainsi; il voyoit clairement, que cette décision précipitée ne provenoit que de ce que les hommes n'avoient pas encore fait usage de *tous leurs moyens* pour remonter aux *causes* et à leur *origine* : nous le pouvons aujourd'hui, et les questions que je viens de poser, résolues par des principes sûrs de *chimie* et de *mécanique*, nous conduiront vers cette *origine*. Je commencerai par la *chimie*, et j'emploirai encore quelques-uns de ses *canons* fixes.

145. 1. Des *ingrédients* capables de produire *chimiquement* certains *effets* entr'eux, pourroient demeurer éternellement mêlés ensemble sans les produire, si la *liquidité* n'y existoit pas. — 2. Dès que la *liquidité* existe dans un tel ensemble, les *effets* qui peuvent en résulter, commencent, et ils continuent jusqu'à ce que toutes les combinaisons possibles entr'eux soient épuisées, et que leurs conséquences de toute espèce soient terminées. — 3. La cause de la *liquidité*, est une union particulière du *feu* avec les particules des substances capables de la contracter.

146. Ces principes, déduits de l'expérience,

sont certains, et en voici les conséquences *géologiques*.

1. Puisque nous voyons *continuer* sur la terre, des opérations *mécaniques* qui, par leur nature, tendent à *cesser*; et que l'*origine* de ces opérations date d'une *époque* fixe, qui *succéda* immédiatement à d'autres opérations *commencées* par la *précipitation* des substances *minérales* dans le *liquide* qui couvroit le globe; le *commencement* de cet ensemble d'opérations, nécessairement *successives*, et non encore *terminées*, doit avoir eu lieu à une *époque* fixe dans le *passé*. — 2. Puisqu'aussitôt que la *liquidité* règne dans une certaine masse *d'ingrédients*, les opérations s'y succèdent sans interruption, jusqu'à ce qu'elles soient *terminées*; la *liquidité* ne régnoit pas sur la terre avant ce *commencement*: ainsi, la production de la *liquidité*, caractérise déjà cette *époque* dans le *temps*. — 3. Puisque la *liquidité* procède du *feu*; notre globe n'en possédoit pas alors : et l'accession du *feu*, caractérise plus particulièrement l'*époque* où *commencèrent* sur notre globe, toutes les opérations *physiques* qui l'ont amené à son état actuel. — Mais, d'où provînt le *feu*?

147. Ici nous devons faire une grande pause; il faut retourner à BACON, pour entrer avec lui dans une troisième de ces routes principales qu'il s'efforçoit d'ouvrir, en les dirigeant toutes vers leur point de réunion, savoir, les *causes générales*, et leur *origine*. Il s'agira maintenant de la *lumière* et du *feu;* non d'abord, d'après ce que nous en connoissons aujourd'hui, puisque mon but principal est de montrer ce que nous devons à BACON; ainsi je commencerai par exposer ses tentatives pour arriver à cette connoissance; ce qu'il faisoit en étudiant la *clarté* et la *chaleur*. C'étoient-là deux *phénomènes* bien importants à ses yeux pour l'*interprétation* de la *nature*; et c'est pour cela que, malgré la *pauvreté* de l'*histoire* en son temps (dont on le verra encore se plaindre à ce sujet), il entreprit de se les représenter sous la même forme et dans le même ordre que les autres objets où nous l'avons déjà suivi.

148. C'est dans le *Novum organum*, liv. II, *Aphor.* XI, que BACON commence à traiter ce sujet; mais il croyoit si peu l'avoir porté à un grand degré de développement, qu'il en place de nouveau les *histoires* dans le *Parasceve*, comme étant encore à faire : on verra

cependant, que par la force de son génie, il avoit déjà déterminé à ce nouvel égard, des points fondamentaux qui subsistent encore aujourd'hui. La *chaleur* et la *clarté* se joignent toujours à ses yeux, comme ayant quelque chose de *commun*, malgré leur *différence*. Ici c'est la *chaleur* qui est son principal objet; mais de temps en temps, la *clarté* s'y associe; comme inversement, quand il traite ailleurs de la *clarté*, la *chaleur* vient aussi s'y joindre. Jusqu'à cet *Aphorisme*, tout le *livre* avoit été employé à présenter de nouveau, sous divers aspects, les principes d'une marche fructueuse dans l'étude de la la nature; et il les résume dans un *aphorisme*, avant que d'entamer ce grand sujet. Il est remarquable, que ce soit dans cette introduction même à la *recherche* de *causes profondes*, que se trouve le *passage* où l'on croyoit voir qu'il interdisoit cette *recherche*: ce que M. LE SAGE a relevé avec raison, dans la pièce que j'ai rapportée ci-devant. Je vais donner cette introduction en entier, parce qu'elle est importante en elle-même; et l'on y verra en même temps combien M. LE SAGE étoit fondé à croire, que ceux qui citoient à l'envi ce passage de BACON, ne l'avoient jamais lu dans l'original.

149. *Aphor.* X. « Ayant donc expliqué le but de la doctrine, venons aux préceptes dans un ordre régulier. Les *indices* pour l'*interprétation* de la *nature*, renferment deux parties générales : la première consiste à déduire, extraire les *principes* fournis par l'*expérience ;* la dernière, à conclure, ou dériver de *nouvelles expériences*, des *principes* obtenus.

« La première de ces parties est triple ; elle renferme trois *ministrations* (subventions) : la *ministration* aux *sens ;* la *ministration* à la *mémoire ;* et la *ministration* à l'esprit, ou à la *raison*.

« Il faut donc préparer d'abord l'*histoire naturelle et expérimentale*, vraie et suffisante, qui est le fondement de tout. CAR il ne faut ni imaginer, ni conjecturer, mais *trouver* ce que fait ou produit la nature ». (*Neque* ENIM *fingendum aut excogitandum, sed* INVENIENDUM *quid natura faciat aut ferat.*) Tel est le passage en question, *à sa place*, où évidemment, il ne concerne que les *faits*.

« Mais l'*histoire naturelle et expérimentale* est si variée et si éparse, qu'elle produiroit de la confusion et de la dispersion dans l'*entendement*, si on ne la fixoit et préparoit dans un ordre convenable. Il faut donc former des tables *coordonnées* des *cas* (ou phénomènes avec leurs circonstances), construites de manière que l'entendement puisse les parcourir et y opérer avec liberté.

« Cependant, même avec ce premier moyen, l'*entendement* n'est pas capable de procéder à la déduction des *principes*, s'il est laissé à lui-même, et qu'il agisse comme spontanément, sans règles ni secours. C'est pourquoi, il faut en troisième lieu, employer une *induction* vraie et légitime, qui devient comme la clef de l'*interprétation* ». (Il veut donc, qu'enfin on *interprète*). « Après quoi, recommençant par la fin de cette marche, il faut *rétrograder* à d'autres choses ».

150. Tel est le résumé des trois *ministrations*, ou *secours* pour l'*interprétation*, qu'on retrouve presque toujours sous quelque nouvelle forme, quand BACON aborde un nouveau sujet physique ; car doutant de pouvoir porter bien loin les recherches par lui-même, ce sont les *règles* qu'il a principalement intention d'établir et d'inculquer, quand il tente des applications. Ici, la *chaleur* est son objet ; cependant, ce n'est encore que comme

exemple, et c'est ainsi qu'il donne le développement de la première règle, au début de l'*Aphor.* XI.

« La recherche des *formes* doit procéder de cette manière. Une *nature* étant donnée; il faut d'abord *faire comparoître par-devant l'entendement*, tous les *cas* notables qui se rapportent à cette *nature*, dans les *substances* même les plus *dissemblables*. Cette collection ne doit se faire qu'*historiquement*, sans aucune *considération anticipée*, ni aucune *subtilité*.

« Par exemple, dans les recherches sur la *forme* de la *chaleur*, il faut commencer ainsi:

« *Collection de cas qui se rapportent à la forme de la chaleur* ».

151. Il rassemble sous ce titre général, toutes les faces sous lesquelles on doit considérer la *chaleur* simplement comme *phénomène*; ce n'est encore que par des *titres* d'objets distincts de recherches, qui sont au nombre de 27; et comme il présume qu'il peut ne pas connoître toutes ces faces, ou qu'il peut avoir omis quelqu'une de celles qu'il avoit eu occasion de remarquer, il leur prépare une place, en ouvrant un 28eme. *titre*, avec

avec le seul mot *alia*. Les *Aphorismes* qui suivent jusqu'à la fin du *livre* et du *Novum organum*, consistent dans les *secours* généraux pour l'*entendement* désignés dans la seconde et la troisième des *ministrations*. Il s'agit donc ici principalement de la recherche des *formes*, ou *natures* ; ce sont elles qui doivent composer la *métaphysique*; et c'est par elles qu'on doit remonter aux *causes générales*, ou *agents généraux physiques*, et c'est ce qu'il entend par *Interprétation de la nature*. La *forme* de la *chaleur*, ou sa *nature fondamentale*, est souvent l'objet auquel Bacon applique ses préceptes ; et il commence par des développements sur quelques-uns des titres de la première table ; d'après des faits, des considérations ou des expériences indiquées. Je vais extraire de cet ensemble ce qui concerne principalement l'objet auquel je me suis fixé ici, comme nouvel exemple de l'application de ses règles, savoir la *chaleur*, dans ses rapports avec la *clarté*.

152. Le IIème *titre* de la table indique, comme objet d'*histoire naturelle et expérimentale*, « les *rayons du soleil*, en tant que « *réfléchis*, ou *rassemblés* ; au premier égard, « dans les montagnes, ou par d'autres parois ;

« au dernier, par les miroirs ardents ». Les développements de ce *titre* font partie de l'*Aphor.* XII : ils sont divisés en plusieurs articles, formant une seconde table; je vais en citer quelques-uns.

« 2. Les *rayons du soleil* ne produisent pas sensiblement la *chaleur* dans cette partie de l'*air* qu'on nomme la *moyenne région.*

« 5. Qu'on fasse cette expérience : si les *rayons de la lune*, étant rassemblés par les plus forts miroirs ardents, produiront quelque degré de *chaleur.*

« 6. Qu'on fasse cette expérience : si par ces miroirs, les corps *chauds* sans être *lumineux;* tels que le fer, les pierres, *chauds* mais non *incandescents;* l'eau bouillante et autres semblables; produiront une augmentation de *chaleur*, comme les *rayons du soleil.*

« 7. Qu'on fasse la même expérience, avec la *flamme* ordinaire ».

153. L'*Aphor.* XIII, est destiné à l'explication d'un précepte pour la recherche des *formes :* c'est l'usage des *cas* où la *forme* dont on s'occupe éprouve des changements de *plus* ou de *moins ;* soit dans les mêmes *substances*, lorsqu'elle y *augmente* et *diminue ;* soit entre

diverses *substances*, dans lesquelles, par le mêmes circonstances, elle se montre *plus* ou *moins*. Pour l'application de ce précepte à la *chaleur*, il falloit un moyen de la *mesurer*; et c'est cet usage général, comme son application à la *dilatation* de l'*air*, qui conduisit BACON à l'invention de son *thermoscope* d'*air*, décrit dans cet *Aphorisme*, et dont j'ai déjà fait mention ci-devant.

154. Il donne ensuite, sous le titre de *Table de degrés, ou quantités comparatives de chaleur :* diverses expériences dirigées vers le but de cet *Aphorisme ;* et l'art. 35, renferme déjà une remarque importante sur la *différence* de la *chaleur* et de la *clarté*, caractéristique de celle de leurs *agents*.

« Quand un corps *chaud* demeure quelque temps dans un lieu, il y fait augmenter la *chaleur*; la *chaleur* qu'il continue de produire, *s'ajoute* à celle qu'il a déjà produite; car le feu d'une cheminée *échauffe* plus une chambre dans une heure, qu'il ne le fait dans demi-heure. Il n'en est pas de même de la *clarté* : car une lampe n'*éclaire* pas plus un lieu en y séjournant, qu'elle ne l'a fait au premier moment ». (Les *rayons du soleil* fournissent seuls un pareil exemple : ils *échauf-*

sent plus, mais il n'*éclairent* pas davantage, en continuant de frapper les mêmes corps).

155. BACON exprime dans l'*Aphorisme* suivant, ce qu'il aperçoit du peu d'avancement dans la connoissance des *faits;* qui pourtant est le premier pas vers l'*Interprétation de la nature*.

Aphor. XIV. « Chacun pourra apercevoir, en examinant les *tables* précédentes, combien nous sommes *pauvres* dans l'*histoire;* puisqu'au lieu d'*histoires* sûres et composées de *cas* certains, nous avons souvent été obligés d'admettre de simples rapports (en les accompagnant néanmoins d'expressions de doute, quand l'autorité n'étoit pas suffisante); et que même nous avons été obligés de substituer à plusieurs *cas* qu'il seroit nécessaire de connoître, ces mots seulement: *qu'on fasse* telle *expérience*, ou telle *recherche ultérieure*.

156. D'après cette considération, qui revient souvent, les *caractères* d'une *histoire naturelle et expérimentale* complète, l'*usage* qu'on doit en faire pour parvenir à l'*interprétation de la nature*, et les *secours* nécessaires à l'*entendement* dans cette opération, forment tout le sujet du *Novum organum*. Le

principal objet du livre II, dont j'ai fait ces extraits, consiste dans la détermination de ce que BACON nomme *instances* (instantiæ), c'est-à-dire, les *cas* ou *phénomènes* particuliers, qui appartiennent à un certain objet; et c'est ici en même temps, l'une de ses plus grandes règles, et la moins communément suivie, même par des physiciens de grande réputation. Quand les *causes*, ou les *agents*, sont *imperceptibles*; si l'entendement en juge par une seule espèce d'*effets*, même en apparence les plus *simples*, il peut aisément se tromper; d'abord, parce qu'il n'est point sûr de déterminer exactement ce qui, dans ces *phénomènes*, appartient essentiellement à la *forme* cherchée; c'est-à-dire, à l'*effet* nud de la *cause principale* : et de plus, parce qu'en déterminant celle-ci derrière le *voile* des choses perceptibles, l'entendement *travaille* lui-même; tandis que sa seule fonction doit être de *conclure*. Il faut donc porter d'autres *lumières* derrière ce *voile*; et c'est à quoi pourvoit BACON, en y faisant arriver, de tout côté celle de *phénomènes* indirects, de plusieurs classes, genres et espèces, dans lesquels néanmoins se trouve la *forme* dont on s'occupe, mais en différentes combinaisons :

parce que les différentes conclusions qu'on en tire à son égard étant comparées entr'elles, suivant certaines règles qu'il prescrit, la *forme* cherchée en ressort d'une manière plus sûre et plus précise. Or l'*effet* étant ainsi déterminé dans son essence réelle, l'entendement peut plus aisément concevoir, quel est l'*agent* capable de le produire : et alors aussi, il faut rassembler les *instances*, ou *phénomènes*, tels qu'ils paroissent; dans lesquels cet *agent* (ou circonstance principale quelconque) doit opérer, et où, s'il existe, il doit être aperçu malgré ses combinaisons avec d'autres. C'est d'après la même considération, que lorsqu'on veut s'assurer précisément de la distance entre deux *points* qu'on ne peut voir ensemble d'aucun lieu; on cherche à y employer diverses suites de *triangles*; c'est-à-dire, parce que les erreurs qui peuvent se trouver dans les opérations, s'effacent ou se redressent.

157. Telle est la *route* générale qui, si elle est bien suivie, peut conduire avec certitude aux *causes* les plus *profondes*, c'est-à-dire, les plus *reculées des sens* : ce sont donc les différentes *instances*, ou classes des phénomènes appartenantes à une même *forme*, ou *phénomène général*, et leurs usages pour

la détermination de cette forme, que BACON détaille, dès l'*Aphor.* XV, jusqu'à la fin du même *livre ;* et pour en donner une idée sommaire, je vais traduire le LIIeme et dernier *Aphorisme.* Car, quoique mon objet immédiat soit ici les rapports de la *chaleur* à la *clarté*, mon but principal, conforme à celui de BACON, est l'avancement d'une *physique* réelle ; comme étant le plus sûr moyen de diriger l'*entendement*, et de le délivrer des *idoles* dont il se trouve obsédé depuis quelque temps chez bien des hommes, par de vaines spéculations, ou des hypothèses *générales*, formées d'après des cas *particuliers.*

Aphor. LII. « Nous avons maintenant exposé ce que nous avions à dire de la dignité et des prérogatives des différentes *instances.* Cependant nous devons avertir encore que dans cet *Organum*, nous traitons de *logique*, et non de *philosophie.* Mais notre *logique* étant destinée à éclairer et instruire l'*entendement*, afin qu'il ne s'amuse pas (comme par la *logique* ordinaire) à essayer de petites clefs dans des *choses abstraites*, mais plutôt qu'il dissèque pour ainsi dire la nature elle-même ; qu'il suive les propriétés et les actions des corps, et parvienne à déterminer leurs lois dans la *matière*, afin que cette *logique* ne soit pas moins fondée sur la nature des *choses*, que sur celle de l'esprit, on ne doit pas être étonné, de ce que nos *exemples* sont pris partout de l'*histoire naturelle* et de l'*expérience*.

« Les différentes *prérogatives* des *instances* sont, d'après ce qu'on a vu ci-devant, au nombre de 27. Les instances elles-mêmes, sont; *solitariæ* — *migrantes* — *ostensivæ* — *clandestinæ* — *constitutivæ* — *conformes* — *monodicæ* — *deviantes* — *limitaneæ* — *potestatis* — *comitatus* et *hostiles* — *subjunctive* — *fœderis* — *crucis* — *divortii* — *januæ* — *citantes* — *viæ* — *supplementi* — *persecantes* — *polychrestæ* — *magicæ* ».

158. Les *instances* désignées par ces épithètes (qu'il seroit inutile d'entreprendre de traduire sans en donner des exemples), doivent être recherchées pour la détermination de toute *forme*, dès qu'elle est *profonde*, ou comme ensevelie sous d'autres; et c'est ainsi qu'elle peut être dépouillée des accessoires, qui se trouvent très-souvent dans les phénomènes mêmes les plus *simples* en apparence: leurs épithètes sont très-ingénieusement choisies pour en rappeler les objets à l'esprit;

mais ce ne peut être qu'après avoir vu et étudié leurs définitions : or ces définitions et leurs explications, forment le sujet de tout le *livre* II du *Novum organum*. Je dois donc me borner à continuer la traduction de ce dernier *Aphorisme*, où ces *instances* sont reprises dans des applications, qui pourront au moins donner une idée de leurs classes.

« L'usage des différentes *instances* ainsi déterminées est bien supérieur à celui des *instances* communément employées ; il regarde, la partie *instructive*, la partie *opérative*, et l'une et l'autre en commun. Quant à la partie *instructive*; elles servent, ou aux *sens*, ou à l'*entendement* : elles servent aux *sens*, par cinq différentes sortes, qui leur sont comme des *lampes*. Et quant à l'*entendement*, elles servent; ou pour accélérer les *exclusions* de ce qui n'appartient pas à la *forme*; comme les *solitariæ* : ou pour resserrer et rapprocher les *affirmatives*, quant à cette *forme*; comme les *migrantes*, *ostensivæ*, *comitatus* et leurs annexes; ou pour élever et diriger l'entendement vers les *genres*, ou les *natures communes*, ce qui se fait immédiatement, par les *clandestinæ*, *monodicæ*, *fœderis*; ou pour un premier degré, comme par les *constitutivæ ;* ou pour un degré très-bas, comme par les *conformes ;* ou pour rectifier les *habitudes* de l'entendement, comme les *deviantes ;* ou pour le conduire à la *grande forme*, la fabrique de l'univers, comme les *limitaneæ* ; ou pour le garantir de fixer de fausses *formes*, ou de fausses *causes*, comme les *crucis* et *divortii.* — Quant à la partie *opérative ;* celles qui s'y rapportent *indiquent*, *mesurent*, ou *aident* la *pratique.* Celles qui *indiquent*, servent à déterminer, ou par quel objet il faut commencer, de peur qu'on ne fasse des choses déjà faites ; ce sont les *instantiæ potestatis* ; ou à quoi l'on peut arriver, si l'on s'en procure les moyens ; ce sont les *innuentes.* Celles qui *mesurent*, sont les quatre *mathématiques :* et celles qui *aident*, sont les *polychrestræ* et *magicæ.*

« Dans l'usage de ces 27 *instances*, le rassemblement de quelques-unes (comme nous l'avons déjà indiqué) doit être fait dès le commencement de la recherche, sans s'occuper encore de la *forme :* de ce genre sont les *conformes*, *monodicæ*, *deviantes*, *limitaneæ*, *potestatis*, *januæ*, *innuentes*, *polychrestæ*, *magicæ* ; car celles-ci aident et corrigent l'entendement et les sens, et préparent aussi la pratique en général. Les autres doivent être cherchées, tandis qu'on travaille aux *tables à présenter à l'entendement*, pour l'usage de l'interprète dans la recherche de quelque *nature* particulière. Les *prérogatives* de ces *instances*, sont comme l'âme entre les *instances* communes; et suivant ce que nous avons dit au commencement, un petit nombre des premières supplée au grand nombre des dernières : il faut donc les rechercher avec soin, et les ranger dans les *tables* convenables. Après avoir indiqué ici cette marche, nous en ferons usage dans les ouvrages qui suivront; c'est pourquoi nous devions en faire précéder le traité (*). Car à présent nous

---

(*) Le traducteur françois de BACON, termine en cet endroit le *Novum organum*, retranchant ce qui suit ici; et il en donne dans une note (tome VI, page 309) les raisons suivantes : « Nous avons cru « devoir retrancher cet épilogue, où nous n'avons « trouvé que l'annonce de certains ouvrages *non* « *exécutés* et déjà annoncés dans sa préface, avec « une espèce d'*oremus*, que le lecteur nous saura « gré, sans doute, de lui avoir épargné, et dont le « but, selon toute apparence, étoit d'engager les « *prêtres* à lui pardonner son génie. La meilleure « *prière* qu'on puisse faire en finissant un ouvrage, « c'est de travailler *à en donner un meilleur*. C'est

devons passer aux aides et rectifications des *inductions*, puis aux objets où se concentrent les *opérations* et les *configurations cachées*, et les autres choses indiquées dans l'*Aph.* XXI : afin que comme le *tuteur* honnête et fidèle, nous ayons soin de la *fortune* des hommes, jusqu'à l'*émancipation* de l'*entendement*, ou qu'il arrive à la *majorité*; ce qui exige, d'améliorer ses *fonds*, et d'étendre son *pouvoir* sur la *nature*. Car l'homme, par sa *chute*, a perdu en même temps, son *innocence* et sa *domination* sur les créatures. L'une et l'autre peuvent être réacquises à quelque degré dans cette vie; la première, par la *foi* à la *religion*, la dernière, par les *arts* et les *sciences*. La *malédiction*, suite de cette *chute*, n'a pas rendu les *créatures* entière-

---

« celle que *nous ferons*, *ou tâcherons de faire* « *bientôt* ». Ainsi, on doit attendre de M. LA SALLE, un *ouvrage meilleur que le Novum organum*. On voit bien qu'il n'a parcouru le reste de l'article qu'avec dédain, et qu'il n'a pas *prié*, comme on a vu BACON le faire ailleurs, d'être préservé de la *présomption* qui occasionna la *chute* de l'homme. Quand il a dit encore que la partie qu'il retranche, contient l'annonce *de certains ouvrages non exécutés*, il ne se souvenoit pas de ce qui fait ici le sujet du paragraphe 159.

ment rebelles à l'*homme* ; mais, en vertu de ce décret, *tu mangeras ton pain à la sueur de ton visage*, il a besoin de diverses espèces de travaux (non certainement de disputes et de vaines cérémonies magiques), pour se procurer son *pain* ; c'est-à-dire, pour satisfaire aux diverses besoins de son état actuel ».

159. Cette conclusion de la partie régulièrement suivie du *Novum Organum*, en est en même temps une sorte de *péroraison*, qui donne une idée très-nette de tout ce grand et important ouvrage. Les autres parties ne conservent pas la même forme, qu'il n'avoit pas eu le temps de leur donner; elles sont comme détachées, quoique faisant partie du plan entier par ces mots : *à présent nous devons passer aux aides*, etc. Ces parties sont les suivantes : I. *Parasceve ad Historiam Naturalem et Experimentalem*, etc. (dont j'ai donné la définition au §. 120.) — II. *Historia Naturalis et Experimentalis, ad condendam Philosophiam* : contenant, 1. *Norma Historiæ præsentis*. 2. *Historia Ventorum*. 3. *Aditus ad alias Historias*. 4. *Historia Vitæ et Mortis*. — III. *Cogitata et visa de*

INTERPRETATIONE NATURÆ; sive, DE *INVENTIONE RERUM et OPERUM* : contenant 5 titres subordonnés, de quelques-uns desquels j'ai déjà parlé, ou parlerai. 1. *Descriptio Globi intellectualis*. 2. *Thema Cæli*. (Ces deux premiers traitant des *corps célestes*.) 3. *De Fluxu et Refluxu Maris*. 4. *De PRINCIPIIS et ORIGINIBUS Rerum*, etc. (à l'occasion des Philosophies de PARMÉNIDE, DÉMOCRITE, TÉLÉSIUS et autres.) 5. *IMPETUS PHILOSOPHICI*; partie divisée en cinq nouveaux titres : 1. *Judicia vera de Interpretatione Naturœ*. 2. *PHOENOMENA UNIVERSI ; sive Historia Naturalis ad condendam PHILOSOPHIAM*. 3. *SCALA INTELLECTUS*; sive *Filum Labyrinthi*. 4. *PRODROMI ; sive, Anticipationes Philosophiœ secundœ*. 5. *Cogitationes de naturâ Rerum*. 6. *Filum Labyrinthi, sive Inquisitio legitima de Motu*. 7. *APHORISMI ET CONSILIA de Auxiliis Mentis et accensione Luminis naturalis*. 8. *De Interpretatione Naturœ, Sententiœ duodecim*. 9. *De Interpretatione Naturœ, Prœmium*. 10. *Topica Inquisitio de LUCE et LUMINE*. — *SYLVA SYLVARUM*. (Ouvrage que j'ai déjà défini au §. 121.)

J'espère que ceux qui ne connoissent pas cet ensemble de traités, ou qui n'en avoient que des idées vagues (même fausses peut-être) verront cette indication avec quelque intérêt : ils y prendront une idée du travail immense de BACON, pour affermir et développer ses principes; et ils comprendront mieux aussi la marche que je vais suivre, en continuation de ces grandes *ébauches*, dont le premier objet sera, de reprendre ce qui concerne la *clarté* et la *chaleur*. Ici l'on verra encore, comme je l'ai déjà dit, combien BACON, avec son peu de moyens, avoit fait de progrès vers la connoissance des plus grands objets de la *physique terrestre :* tandis qu'avec incomparablement plus de moyens de tout genre, mais en oubliant ses préceptes, bien des physiciens ont fait reculer, plutôt qu'avancer cette connoissance.

160. Entre les préceptes généraux de BACON, dans le Livre II du *Novum Organum*, est celui-ci : Quand on est arrivé à un certain point dans le rassemblement et la classification des *phénomènes* sur un objet particulier, il faut faire des *essais d'interprétation*, en les considérant seulement comme un aide pour continuer les recherches vers un but déter-

miné, savoir, la confirmation, rejection, ou modification de ce qu'on a d'abord conclu; et ce sont là les expériences qu'il nomme *lucifères*. On va voir, une application de ce précepte aux recherches sur la *chaleur;* et comme il n'y attachoit encore d'autre importance que celui d'exemple, il le fait sous l'agréable image qu'il emploie souvent, dans laquelle il considère l'*entendement* comme un *pupille*, dirigé par un *tuteur* honnête et fidèle, qui lui apprend à bien soigner et gouverner sa fortune : image qui devoit naturellement se présenter à l'esprit de BACON; puisque sa charge de *chancelier d'Angleterre* le rendoit *tuteur* né de tous les orphelins laissés sans *tuteurs* formels, et surveillant de ceux-ci.

Comme préparatif à cette première tentative, BACON donne d'abord une explication plus précise de l'usage des *exclusions ;* et voici comment il l'annonce.

« *Aphor.* XVIII. » Il faut maintenant donner un exemple de l'*exclusion*, ou *rejection* de *natures* qui, d'après les *tables de comparation*, ne semblent pas appartenir à la forme de la chaleur; et ici nous devons avertir, que non seulement chaque table peut suffire à la rejection

rejection de quelque *nature*, mais même chaque cas particulier qui s'y trouve contenu. Car, d'après ce qui a été dit jusqu'ici, on voit bien, que les *instances contradictoires* détruisent toute crédibilité de la forme supposée. Cependant pour plus de clarté, et afin de montrer l'usage de ces *tables*, nous donnerons ici quelques exemples de l'*exclusive*. »

(Ici se trouvent 24 exemples d'*exclusions*, *ou rejections de* NATURES, *qui n'appartiennent pas à la* FORME *de la* CHALEUR; quoique dans des phénomènes dont la *chaleur* fait partie).

161. Dans l'*Aphor.* XIX, BACON fait lui-même la critique de cette *table*, pour montrer que la méthode ne pouvoit encore s'appliquer d'une manière absolue, vu l'état des connoissances. Je rapporterai cet *Aphorisme* en entier; parce qu'outre le précepte, il renferme un trait de caractère. Les difficultés n'arrêtoient point BACON, quand l'objet leur étoit proportionné: il n'enjambe point les coupures, il veut y trouver des ponts légitimes : il est modeste, mais ferme quand il croit avoir trouvé la vérité, et néanmoins sans obstination : en un mot, il peut servir de modèle en tout.

Aphor. XIX. « C'est dans les *exclusions* que se trouvent les premiers fondements d'une *induction* vraie ; qui pourtant ne peut pas être complète, jusqu'à ce que les *affirmatives* demeurent seules; et les premières ne peuvent pas même être complètes dans les commencements. Les *exclusions* (comme on a pu le voir) doivent être la *rejection* de *natures simples :* or tant que nous n'avons pas des notions justes de ces *natures*, comment pourrions-nous nous assurer de faire des *exclusions* certaines? Et cependant quelques-unes de celles que nous avons faites ci-devant (fondées par exemple, sur des notions de *natures élémentaires*, de *natures* appartenantes aux *corps célestes*, ou de *ténuité*), sont vagues et indéterminées.

« C'est pourquoi n'ignorant ni n'oubliant quelle tâche nous avons entreprise (celle d'élever l'entendement au niveau des choses dans la nature), nous nous gardons bien d'acquiescer nous-mêmes à ce que nous avons prescrit ; nous nous bornons à donner *impulsion* aux *recherches*, et à découvrir et proposer des *aides* à l'*entendement :* car il faut qu'il soit tellement préparé et formé pour l'interprétation da la nature, qu'il sache *de-*

meurer ferme dans ce qu'il a déjà de certain; sans oublier néanmoins (surtout dans les commencements), que ce qu'il a acquis, peut dépendre encore à quelques égards, de ce qu'il lui reste à connoître ».

162. Vient alors la première tentative d'*interprétation;* elle est dans l'*Aphor.* XX; et voici comment elle est introduite.

Aphor. XX. « Comme la *vérité* sort plus aisément de l'*erreur* que de la *confusion*, nous croyons utile, que lorsqu'on a *présenté* à l'*entendement* les trois genres de *tables* précédentes (que nous avons faites aussi bien qu'il nous étoit possible), on lui permette de tenter l'ouvrage de l'*interprétation* par *affirmative;* ce qui peut se faire par ces *tables*, et par telle autre addition qui peut y être faite pour les lui *présenter*. Nous nommons ces essais; *Permission à l'Entendement*, ou *Interprétation ébauchée*, ou quelquefois *première vendange*.

« *Vendemiatio prima, de forma Calidi* (*).

« Il faut bien faire attention (et cela dé-

(*) Le traducteur de Bacon met ici en *note* (tome V, page 189) « C'est une vendange de raisins *secs* ». Il auroit pu dire, avec Bacon, que ces raisins n'écoule de ce que nous avons dit jusqu'ici); que la *forme* d'une *chose* ne peut être tirée que des *instances*, tant générales que particulières où se trouve la *chose* dont il s'agit; par conséquent il n'est pas question ici des *instances contradictoires*. La *forme* aussi paroît plus clairement dans quelques *instances* que dans d'autres, c'est-à-dire, dans celles où elle n'est pas autant empêchée ou retenue par d'autres *natures*. Nous nommons celles-ci *éclairantes* ou *manifestantes*. Essayons donc, par de pareilles *instances*, cette *première vendange*, qui d'abord nous présentera cette *forme*, comme appartenant au *mouvement* ».

163. Il entre alors dans le détail de plusieurs phénomènes, où la *chaleur* paroît être un *mouvement*; et fait d'abord une *exclusion*, indiquant une circonstance qui n'appartient pas à sa *forme* essentielle.

« Il ne faut pas, dit-il, confondre la *communication* de la *chaleur*, ou sa nature *transitive*; par laquelle un corps, approché d'un corps *chaud*, devient *chaud* lui-même, avec

---

toient pas *mûrs*; mais ce n'est pas ce commentateur qui auroit pu les faire *mûrir*, comme on aura occasion de le voir dans la suite.

la *forme* essentielle de la *chaleur*. Le *chaud*, est autre chose que l'*échauffant* : car, par attrition, on produit la *chaleur* dans un corps, sans que rien de *chaud* n'ait précédé. Ainsi l'idée d'*échauffant*, est *exclue* de celle de *chaud*.

« Lorsque la *chaleur* est produite dans un corps, par l'approche d'un corps *chaud*, cela même ne s'opère point *par la forme* de la *chaleur*; mais cette opération dépend d'une *nature* plus profonde et plus commune...... Cependant l'idée vulgaire de *feu*, composée du *chaud* et du *lucide* (comme la flamme, et les corps en ignition jusqu'au rouge), n'est pas admissible ».

164. On voit déjà ici, que Bacon avoit en vue de distinguer précisément la *chaleur* de sa *cause*; afin de parvenir à découvrir celle-ci, en la distinguant de la *lumière* qui ne produit immédiatement que la *clarté*, même dans les *rayons du soleil*. C'est pour cela que ni les combustibles *brûlants*, ni les corps *incandescents*, dont l'effet est mêlé de *chaleur* et de *clarté*, ne lui donnoient l'idée de *cause* de la *chaleur*; parce que celle-ci ne doit produire que la *chaleur* seule. Cependant il sentoit que cette *cause* et la *lumière* devoient

avoir quelque chose de commun : sur quoi on le verra revenir. Or puisque c'est en fixant d'une manière précise et dégagée de tout accessoire, l'*effet* immédiat d'une *cause* qui échappe aux sens, qu'on peut parvenir à la déterminer elle-même. BACON tente, d'après tout ce qu'il a rassemblé jusque-là, de fixer la *forme* de la *chaleur*. C'est donc ici un *principe métaphysique*, suivant la définition qu'il a donnée des *principes* de ce genre, en fournissant comme premier exemple, la *forme* ébauchée de la *blancheur*. Quand ces déterminations générales des *choses* se trouvent revêtues de toutes les conditions requises; et qu'ainsi, aucune classe de phénomènes ne les contredisant, elles sont d'accord avec tous ceux dans lesquels les *formes* cherchées se manifestent ; elles sont réellement telles qu'elles existent dans la *nature*, indépendamment de la *raison humaine*; et elles continueroient d'être telles, quand il n'existeroit aucun homme, ni autre créature intelligente : parce que c'est ce qu'elles sont *en elles-mêmes*. C'est-là une conclusion bien différente de ce que suppose le système de M. KANT ; et bien opposée en général aux conclusions des *sceptiques*, qui prétendent, que nous ne pouvons rien connoître de *ce que les choses sont en elles-mêmes :* mais on ne pourra continuer de soutenir ces systèmes, aux yeux du moins des personnes attentives, sans avoir refuté directement, soit les principes mêmes de BACON, soit toutes leurs conséquences, telles que je les développerai par degrés dans cet ouvrage.

165. Après cet ensemble de faits ; après leur comparaison entr'eux, par ressemblances, différences, exclusions, remarques générales et particulières ; et un nouvel avertissement, de ne point trop se hâter ; mais sans craindre de décider quand il est temps ; en se gardant toujours d'obstination, si de nouvelles choses apportent des changements aux premières idées, BACON vient enfin, dans le même *Aphorisme*, à un essai de fixation de la *forme* de la *chaleur* ; et c'est en ces termes :

« Voici une *première vendange*, ou *Interprétation ébauchée*, quant à la *forme* de la *chaleur*, faite par une première *permission* à *l'entendement*.

« La *définition*, ou la vraie *forme* de la *chaleur*, celle qui appartient à l'*Univers*, et non *aux sens* seulement, est telle en peu de mots : *La chaleur est un mouvement expan-*

sif, resserré, et existant dans les particules. Cette *expansion* est d'abord modifiée par ceci : *Qu'en se faisant en tout sens, elle a néanmoins une tendance vers le haut*; et par ceci encore : *Que ce mouvement n'est pas lent, mais excité, et avec quelque violence.*

« Quand à la *production*, elle découle de la chose même; car sa définition est celle-ci : *Si vous pouvez produire dans les corps naturels, un mouvement tendant à l'expansion, qui soit néanmoins comme réprimé en retournant sur lui-même*; *de manière qu'il ne s'étende pas sans bornes, mais s'exécute en partie, et soit en partie retenu*; vous produirez certainement la *chaleur*; quelle que soit la *substance....* »

166. Ce n'est-là, comme BACON en prévient, qu'une première ébauche; elle est faite pour fixer un objet d'examen par tous les secours que peut trouver l'*entendement*. C'est pourquoi il termine le même *Aphorisme*, par ces mots : *Maintenant, passons à d'autres aides*. Ce qui devient un des sujets de tout le reste du *livre*, de la manière que j'ai expliquée aux §§. 156 et 157. Les applications, soit des *instances*, soit d'autres *aides*, sont d'abord générales; et les *exemples* sont tirées de divers objets;

mais la *chaleur* y revient souvent : la définition de sa *forme* essentielle n'y change pas ; il y a seulement de nouvelles déterminations et exclusions : à cet égard, BACON revient aux différences de la *chaleur* avec la *clarté* ; comme application des *instances constitutives*. Je citerai encore cet article ; parce qu'outre la remarque directe, il renferme un précepte bien important, et bien négligé ; ce qui a été une des sources d'erreurs, tant dans la *physique*, que dans les *philosophies* modernes.

Aphor. XXVI (*). «Entre les *prérogatives* des *instances* diverses, nous plaçons en cinquième lieu, celles des *constitutives*, que nous nommons quelquefois *manipulares* (de la bande) : ce sont celles qui constituent une espèce de la *nature* cherchée, comme *formes mineures*. Car les vraies *formes*, qui peuvent toujours être changées dans les *natures* qu'on cherche, étant profondes et difficiles à découvrir, il est nécessaire; surtout à cause de la foiblesse de l'*entendement*, que les formes *mineures*, ou *particulières* qui, (dans quel-

(*) Celui-ci est l'Aphor. XXIV de la traduction françoise.

ques cas, mais non en tous) sont comme attachées à la *forme* principale, ne soient point négligées, et au contraire recherchées avec soin. En effet, tout ce qui s'unit à une *nature* cherchée, quoique non essentiellement, aide comme à frayer le chemin vers sa *forme*...

« Mais il faut user de ce moyen avec bien de la réserve de peur que l'*entendement*, après s'être muni de plusieurs de ces *formes mineures*, et en avoir fait comme des *divisions* de la *nature* cherchées, n'acquiesce à cette manière de juger, et ne s'occupe plus de la *nature* même qui étoit d'abord son objet; ou qu'en la considérant comme composée de plusieurs parties, elle ne lui paroisse une subtilité, une pure *abstraction*, et qu'en conséquence il ne s'en ennuie et ne l'abandonne ». (Tel est le *Précepte* que j'ai dit ci-dessus être aujourd'hui très-négligé).

167. Après quelques exemples d'*instances constitutives*, appliquées à divers cas; BACON, venant à la *chaleur*, en donne cet autre exemple dans le même *Aphor*.

« Si l'on cherche ce qu'est la *communication* d'un *état*, sans *communication* de *substance*, la *clarté* en fournira une espèce, et la *chaleur* et l'*aimant* une espèce différente. Car la *communication* de la *clarté* est comme instantanée, et la *clarté* cesse aussi à l'instant que le corps *lumineux* est retiré; au lieu que la *chaleur*. . . . . une fois transmise, dure quelque temps après la retraite du corps qui l'a produite.

« Enfin, les *instances constitutives* ont une prérogative très-grande; en ce qu'elles servent à particulariser les *définitions*, et ainsi à des distinctions précises entre les choses. . . . . . »

168. C'est-là une seconde *différence* caractéristique, indiquée par BACON entre la *clarté* et la *chaleur*, pour déterminer toujours mieux la *différence* qui doit être entre leurs *agents*, quoiqu'ils aient manifestement quelque chose de commun : et il en indique une troisième, lorsqu'il traite spécialement de la *clarté*. Dans ce nouvel objet, quoique la *cause* et l'*effet* soient à-la-fois perceptibles aux sens, BACON trouvoit moins de prise pour des déterminations; parce qu'on ne s'étoit point encore occupé de la *lumière*, du moins, par l'observation et l'expérience; mais il voyoit bien sur quoi les recherches devoient porter; et il l'indique à la fin des *Impetus philosophici*;

sous le titre de *Topica inquisitionis de Luce et Lumine*. Les *articles* sont au nombre de *douze*, sous chacun desquels il fait quelques remarques, et indique des objets d'expériences. Il vouloit entr'autres qu'on s'occupât de la *photométrie* ; des effets *chimiques* de la *lumière*, de ses différentes *couleurs*, des propriétés des corps *phosphoriques*, *diaphanes* et *opaques*; et enfin, dans l'*article* XII, où il traite des *affinités* et *hostilités* de la *lumière*, il indique comme sujets de recherches les deux espèces suivantes de différences, dans les rapports des degrés de *clarté*, à ceux de *chaleur* :

« La *flamme* de l'esprit-de-vin et les *feux folets*, comparés au *fer incandescent*, produisent beaucoup plus de *clarté*, et beaucoup moins de *chaleur*. Les *vers luisants*, les espèces d'*étincelles* que produit quelquefois l'eau de la mer, et beaucoup d'autres corps, donnent de la *clarté* et point de *chaleur* ».

169. Dans le résumé précédent du travail de BACON sur les objets conjoints de la *clarté* et de la *chaleur*, on trouve les germes de tout ce qui a été découvert depuis à leur égard : et par-là on voit encore que s'il eût

connu la *forme* de l'*expansibilité* et sa *cause*, (connoissance dont on a vu qu'il sentoit l'importance générale, et dont il désiroit fortement qu'on s'occupât), le nombre d'objets divers qu'il avoit déjà profondément étudiés, se réunissant par ce rapport, il auroit poussé fort loin les découvertes, malgré même cette multitude d'objets que dans son plan il ne pouvoit s'abstenir de mener de front. Il vouloit faire cesser et la *fluctuation* des idées sur la *nature*, et le *scepticisme* qui en étoit résulté : il y découvroit clairement un *ensemble*, lié par des *causes communes ;* il apercevoit aussi des *successions* de *choses* qui devoient avoir des *origines :* or pour découvrir ces deux genres de relations, il falloit étudier tous les *phénomènes* et leurs *rapports* entr'eux, non superficiellement, mais profondément. Rien certainement ne pouvoit être plus juste que ce qu'il représentoit sans cesse à cet égard; cependant il n'auroit frappé que bien peu de gens, s'il n'eût montré la possibilité de son plan, en l'entamant lui-même plus ou moins dans chacune de ses parties : et quel immense travail n'a-t-il pas fait dans ce but. Cependant, parce qu'il n'a pas pu, et ne pouvoit réellement pas conduire bien loin cette entreprise; et que le voyant bien il s'est borné à ouvrir nombre de *routes*, montrant seulement les rapports qu'elles devoient avoir entr'elles; et parce que d'un autre côté, on se trouve aujourd'hui bien plus avancé que lui dans quelques-unes; on ne songe plus à retourner à lui pour y apprendre leurs rapports : de sorte que la plupart des voyageurs demeurant dans leurs routes particulières, les découvertes qui se font daus les autres routes, les frappent peu, et la tendance de toutes vers un point commun, est la dernière de leurs pensées. Je donnerai un précis de ces rencontres; mais auparavant, je dois tracer en abrégé, les progrès qu'on a faits sur la dernière des routes qu'on vient de voir ouvrir à BACON; pour l'amener d'abord au point où nous avons laissé la précédente; et en conduire ensuite de nouvelles au même point : afin d'aller plus loin avec leur ensemble.

170. On a vu que la *nature* de la *lumière*, celle de ses différentes *couleurs*, et ses effets *chimiques* sur les corps, étoient au nombre des objets à l'égard desquels BACON désiroit qu'on fît des recherches. En effet, sans cette connoissance, tout seroit demeuré obscur dans les phénomènes de l'Univers; mais s'il

se fût livré aux expériences que ces seuls objets auroient exigés, nous y aurions beaucoup perdu : car y ayant employé son temps et son attention, il auroit été incapable d'embrasser une si grande variété d'autres objets; et lui seul peut-être, du moins pour bien longtemps, pouvoit en découvrir les liens. D'un autre côté personne peut-être, et BACON lui-même, n'auroit été capable comme NEWTON, d'analiser la *lumière* en tant que *substance*; car le pouvoir d'approfondir un même objet est fort différent de celui d'en embrasser un grand nombre. Et quant aux effets *chimiques* de la *lumière* sur différentes substances, l'une des plus grandes découvertes du dernier demi-siècle, le temps seul, par l'accumulation des résultats de l'observation et de l'expérience en chimie, pouvoit montrer les différentes *affinités* de cette *substance* avec d'autres. Et même nous ne sommes pas encore assez avancés dans ces recherches, pour comprendre nombre d'effets de la *lumière*; parce qu'on ne s'est pas proposé d'entrée un plan, sous la forme de ceux de BACON. Ce n'est pas seulement en *totalité*, c'est-à-dire, par tous ses *rayons* réunis, qu'on devroit observer les effets *chimiques* de la *lumière*; c'est par chacune de leurs espèces, que nous nommons *rayons colorés* (à cause de la manière dont ils affectent la vue), mais qui de plus, ont leurs *affinités* propres. Ces *affinités* spéciales des différents *rayons*, n'ont pas été suivi *à priori*, c'est-à-dire, lorsqu'elles s'opèrent; quoiqu'elles puissent l'être, dès qu'on voudra s'en occuper; mais nous les connoissons *à posteriori*, par la *décomposition* des corps dans lesquels ces divers *rayons* étoient entrés comme *composants*. Car en général; et c'est ici une proposition très-importante : la *lumière* qui s'échappe des corps *phosphorescents* lorsqu'ils se *décomposent* (et jamais il ne s'en échappe autrement), étoit entrée dans leur *composition*. Or nous voyons des corps qui, en ce cas, émettent toujours de la *lumière* d'une même *couleur*; et d'autres qui en émettent de diverses *couleurs* successives, suivant le degré de rapidité de leur *décomposition* : renfermant dans cette classe de corps, plusieurs *fluides expansibles*, tant coercibles que subtils. Je dirai donc aussi comme BACON; c'est-à-dire, pour le temps où l'on voudra sérieusement s'occuper des opérations dans la nature; que jusqu'à ce qu'on ait découvert ces

ces opérations de la *lumière* par ses différents *rayons*, ou *particules* distinctes; on demeurera extrêmement en arrière dans l'intelligence de ses effets sur notre globe.

171. C'est par les progrès déjà faits dans ces routes, qu'enfin nous sommes au moins parvenus, à dévoiler les mystères de différences et ressemblances, si bien déterminées par BACON, entre la *clarté* et la *chaleur*; déterminations qui devoient diriger vers les *causes* respectives. Nous avons, dis-je, été conduits de la manière la plus sûre à reconnoître; que la *clarté* est l'effet *immédiat* de la *lumière*; et que la *chaleur* est un de ses effets *médiats*, produit *immédiatement*, par un *fluide expansible*, connu sous le nom de *fluide ignée* ou *feu*; *fluide* qui est composé de *lumières* et d'une autre substance; et dont la nature est celle des *vapeurs*, telles que les vapeurs *aqueuses* et *minérales*, le *fluide électrique*, probablement aussi le *fluide magnétique*, ainsi que d'autres *fluides* qui n'ont pas encore de nom, mais qu'on découvre par leurs effets. Ces fluides sont distincts de ceux qu'on nomme *fluides permanents* (dont les seuls immédiatement connus, sont les *fluides aériformes*); en ce que, par la nature de leur

composition, ils sont susceptibles de se *décomposer* sans l'intervention d'*affinités prépondérantes*, et entr'autres, par *excès* de *densité*. Telle est donc la cause de ce que les corps *incandescents*, et les combustibles *brûlants*, produisent en même temps les phénomènes distincts de la *chaleur* et de la *clarté*; ils produisent la première, par le *feu* qui s'en échappe; et la dernière, par la *lumière* que répand la partie du *feu* qui se *décompose* par *excès*. La cause de ce que certains corps en ignition *échauffent* plus qu'ils *n'éclairent*, comparativement à d'autres, procède de ce que les premières ne renferment de *lumière* immédiatement prête à s'échapper, que celle qui s'y trouve comme faisant partie du *feu*; au lieu que les autres, outre celle-là, en contiennent sous une différente combinaison. La cause de ce que les *rayons du soleil n'éclairent* pas plus, et *échauffent* davantage, en frappant quelque temps les corps, est : que la *clarté* est l'effet *immédiat* de la *lumière*, sans cesse *réfléchie* et dissipée dans l'espace, et qui alors frappe l'organe de la vue; au lieu que la *chaleur* est l'effet du *feu*, que les *rayons du soleil* produisent en s'unissant à une autre substance : ce *fluide* pénètre les corps, et y produit d'autant plus de *chaleur* ou de *dilatation*, qu'il s'y accumule en plus grande quantité. La nature de ce qu'on nomme les *phosphores froids*, la liqueur des *vers luisants*, les *bois luisants*, les parties pourries des poissons, les *étincelles* de l'eau de la mer, etc. est, qu'en se *décomposant*, ils ne répandent que de la *lumière*. Enfin, la généralisation des phénomènes de la *chaleur* faite par Bacon, cette *expansion réprimée* des corps, qu'il lui assigne pour caractère général, est la combinaison de deux *effets*; l'*écartement* de leurs particules par l'action du *feu*, fluide expansible, or la *tendance* de ces particules à rester unies *sous une certaine forme*; tendance que je développe par des faits dans mon ouvrage de Physique prêt à être publié. Tel est le précis des progrès de l'observation et de l'expérience sur les routes tracées par Bacon pour arriver aux *causes* d'où résultoient les caractères distinctifs de la *clarté* et de la *chaleur*; et ce n'est pas à quoi se sont bornés les conséquences de ces recherches, comme Bacon l'avoit bien prévu.

172. Retournons maintenant à la *géologie*, pour la reprendre au point où je l'avois laissée au §. 147; voulant, avant que d'aller plus

loin, suivre les traces de BACON dans la recherche précédente. Là, d'après tout ce qui a été découvert depuis lui, soit par les *monuments* de la *terre*, soit en *chimie*, nous étions arrivés à une *époque* où il ne manquoit immédiatement à notre globe que le *feu*, pour donner naissance à toutes les opérations qui s'y sont *succédées* dès-lors, dont quelques-unes *continuent*, tendant à leur *fin*. Maintenant nous sommes arrivés au point de comprendre, que ce n'étoit pas le *feu* lui-même qui manquoit alors à la *terre*, que c'étoit la *lumière* seulement. Car la substance qui, avec la *lumière*, forme le *feu*, appartient à notre globe ; elle entre dans la composition de presque tous les corps, et en particulier dans celle des fluides atmosphériques; c'est pourquoi nous observons chaque jour, dans nombre de phénomènes, que les *rayons du soleil* (non *caloriques* par eux-mêmes) produisent la *chaleur*; c'est-à-dire, en formant du *feu*, qui se *décompose* en d'autres opérations : et cette substance, même dans le *feu*, étant soumise à la *gravité*, demeure toujours à notre globe; tandis que la *lumière* libre, se dissipe dans l'espace, par son peu de *masse*, et sa prodigieuse *vélocité*. C'est donc là une grande addition à nos découvertes ; mais avant que d'en suivre les conséquences, il ſaut recevoir de nouveaux *fils* de BACON et les suivre.

Je terminerai cependant ici cette PARTIE, parce que nous allons entrer dans un tout autre ordre de choses. Le premier but de BACON dans les recherches qu'il instituoit, étoit qu'on pût remonter à l'*origine* des phénomènes de l'*Univers* : car les différentes *successions* qu'il y apercevoit, ne lui permettoient pas de penser qu'il eût existé *de tout temps*. Nous voilà prêts à entrer dans ce champ auguste, avec beaucoup de lumière pour l'éclairer, et nous en trouverons d'autres encore ; mais comme nous sommes déjà sur ses confins, je passe dès à présent à une autre PARTIE.

SIXIÈME PARTIE.

Exposition des Routes ouvertes par BACON, *pour remonter aux* ORIGINES *dans les Phénomènes de l'Univers, et des progrès qu'on y a fait dès-lors.*

173. On a vu que ce premier de nos vrais guides dans l'étude de la nature, en traitant de l'*histoire naturelle*, se plaignoit de ce que celle de ses cinq parties qui avoit été le plus cultivée; savoir, celle qui concerne les *espèces d'êtres* à notre portée, *se trouvoit remplie de plus de luxe et de superfluités, que de faits et de remarques propres à donner naissance à la philosophie.* C'est par cette raison que dans son *Parasceve ad Historiam naturalem et experitalem*, qui suit immédiatement le *Novum Organum*, donnant le catalogue des *histoires* qu'il trouvoit *à faire*, outre les *histoires* collectives des *montagnes, vallées* et *plaines*, il indiquoit celles des différents *fossiles*, divisés en substances *pierreuses, minérales, métalliques, crystallines* et partie *végétales* ou *animales*; ainsi que les *histoires*

des *Plantes* et des *Animaux*. Ces *histoires* étant faites suivant le plan de BACON, c'est-à-dire, dans des vues *cosmologiques*; devoient premièrement conduire à la *géologie*; et ensuite par elle, à la connoissance des *corps célestes*, dont l'*histoire* étoit aussi particulièrement recommandée dans tous ses ouvrages. Prenons d'abord, dans cet ensemble, les substances *métalliques*, *semi-métalliques* et *crystallines*. Celles de ces substances dont certaines *couches minérales* sont imprégnées, sont liées à la *formation* même de ces *couches*, qui a déjà servi à nous faire rétrograder jusqu'à l'*époque* déterminée ci-dessus : mais la majeure partie de ces substances; celles qui constituent le plus grand objet du travail dans les *mines*, comme la plus grande richesse, le *luxe* même des *collections de minéraux*, proviennent de ce qu'on nomme les *filons*. Or ceux-ci sont au nombre des *fils* qui conduisent dans le *labyrinthe* des événements de la *terre* : car d'abord, étant formés dans des *fentes* des *couches*, ils nous font passer par toutes les *époques* des *catastrophes* qu'elles ont éprouvées durant leur *formation* successive; et ils nous indiquent de plus, nombre d'opérations particulières du *liquide primordial*, dans certaines *périodes* où, riche encore en ingrédients, il produisoit dans certains lieux et en certaines circonstances, par l'entremise d'autres ingrédients procédants de l'intérieur de la terre, certaines *précipitations*, *aggrégations*, *crystalisations*, successivement *changeantes*, et qui ont enfin *cessé*. Voilà donc, comme je viens de le dire, un second *fil* géologique rétrograde, très-distinct du précédent, et qui nous conduit à la même première *époque* déterminée ci-dessus.

174. L'*histoire* des *espèces* des *plantes* et des *animaux*, dirigée aussi suivant les vues indiquées par BACON, va nous conduire encore au même point. C'étoit peu, suivant lui, pour avancer la *philosophie*, que de rassembler ces *espèces*, les classer, et les décrire : c'étoit bien sans doute manifester ce qui *est* sur ce point, mais non ses liaisons avec l'ensemble des *êtres*, à l'Univers, ni rien qui tienne aux *origines*. Cependant, comme les mêmes *espèces* ne font que *se succéder*; la question *philosophique* devoit être : *dans quel temps* et *comment* ont-elles *commencé* ? Ce n'a pas été certainement dans l'*état* où se trouve maintenant la *terre*; puisque depuis

que les hommes observent, on n'y a vu naître spontanément, ni des *individus* des *espèces* existantes, ni aucune nouvelle *espèce*. Il faut donc nécessairement qu'il ait existé quelqu'autre *état* de la terre : or comment trouver cet *état*, autrement que par la *géologie ?* Toute autre route ne peut appartenir qu'a l'*imagination*, qui conduit à des *philosophies* chimériques (*).

175. Aussi BACON vouloit-il qu'on s'occupât particulièrement des *fossiles* des deux classes *animale* et *végétale*, comme devant être liés à des révolutions et changements d'état de la terre. Or depuis qu'on a étudié ces *fossiles* suivant ses préceptes ; qui ne tendoient pas à l'*ornement des collections*, mais à former les *histoires inductives*, on a découvert sûrement, les circonstances suivantes. 1. A partir du *commencement* des opérations chimiques sur notre globe, il s'est écoulé un certain *temps*, avant qu'il y existât aucun *être organisé*. — 2. Plusieurs des premières *espèces* de ces *êtres*, des deux règnes, n'ont subsisté que pendant certaines *périodes*, du-

(*) C'est-là un des objets sur lesquels j'examinerai les idées du traducteur et commentateur de BACON.

rant lesquelles les circonstances de la terre étoient favorables à leur existence. — 3. D'autres *espèces* ont éprouvé des changements successifs, à mesure qu'il se faisoit pour les unes, dans le *liquide* de la mer, pour les autres dans l'*atmosphère*, des changements liés à la formation successive des *couches minérales*. — 4. A l'approche du déplacement de la *mer*, qui a produit l'état présent de la terre, les *espèces* des deux règnes s'étoient presque entièrement rapprochées de leur état actuel. — 5. Enfin, à cette dernière époque, quelques *espèces* subirent encore des changements, et d'autres ne peuvent plus subsister qu'en certaines parties de la terre, où dès-lors elles continuent de vivre et de pulluler.

176. Voilà ce que nous a fourni l'*histoire*, vraiment rassemblée des *plantes* et des *animaux* sur la terre; et elle nous fait rétrograder encore, par des pas non interrompus, jusqu'à cette première *époque* où rien de ce que nous observons sur notre globe, n'existoit encore tel qu'il est; parce qu'il y manquoit la *lumière*, d'abord pour le *commencement* de toutes les opérations *chimiques*, et par conséquent pour amener l'état des choses où

les *êtres organisés* connus, purent commencer d'exister.

177. Arrivés, par des routes si différentes, à cette même *époque*; quelle grande idée vient frapper la raison! Combien ne devient pas sublime ce RÉCIT mis aujourd'hui à l'écart par la présomption de tant d'hommes; récit qui commence par ces mots : *Et Dieu dit :* QUE LA LUMIÈRE SOIT! Mais ce n'est pas seulement sur l'*histoire* de la *terre*, que cet ORDRE auguste de la SOUVERAINE PUISSANCE répand aujourd'hui la clarté; c'est sur l'*histoire* même de l'*Univers :* objet final, tant des projets, que des désirs de BACON, et pour lequel il associoit à toutes les autres *histoires* dont il recommandoit qu'on s'occupât essentiellement, celle des *corps célestes*. Il ne pouvoit pas s'avancer beaucoup lui-même dans cette route; toutes les autres *histoires* qui devoient y conduire étoient encore trop reculées; mais il indiquoit la route générale, pour le temps où d'autres connoissances viendroient s'y réunir. Or voici quelques *canons cosmogoniques* résultants de l'ensemble de celles qui ont été acquises dès-lors, que je me bornerai à énoncer, comme

tous les autres, puisqu'ils sont déjà établis dans mes autres ouvrages.

178. 1. Aucun corps ne peut répandre de la *lumière*, s'il n'en contient. — 2. Nul corps ne répand de la *lumière*, qu'en subissant quelque *décomposition* : cette substance étoit donc entrée dans sa *composition*. — 3. En émettant de la *lumière*, les corps *perdent* une partie de celle qu'ils possédoient : si donc ils *continuent* d'en émettre, elle sera enfin *épuisée*. — 4. Le *soleil* et les autres *astres lumineux*, sont dans ce cas; ils *continuent* d'émettre de la *lumière*; par conséquent ils n'en répandent pas depuis un *temps infini*, car elle seroit *épuisée*. — 5. Le *soleil*, dont nous tirons notre principale connoissance à l'égard des *étoiles*, est à-peu-près sphérique, et il a une *atmosphère*. Suivant les découvertes du docteur *Herschel*, le corps même du *soleil* est *opaque* (ou non lumineux); c'est de son *atmosphère* que la *lumière* se détache : et nous connoissons, par la *météorologie* terrestre (objet que BACON recommandoit fortement, pour s'élever à la connoissance des phénomènes *lucides* de l'*Univers*) qu'il se forme dans notre *atmosphère* des *fluides* qui répandent de la *lumière*

en se *décomposant*, et qui doivent procéder d'opérations *chimiques* sur notre globe.

179. Voici donc enfin la conclusion générale de tout ce qui a précédé. — 1. Il se passe des opérations *chimiques* dans le *soleil* et les *étoiles*, comme sur la *terre*. — 2. Aucune opération *chimique* ne peut avoir lieu sans *liquidité*; ni la *liquidité* sans *feu*; ni le *feu* sans la *lumière*. — 3. Dès que la *liquidité* est ainsi produite, ces opérations *commencent*. — 4. Il a donc existé une *époque*, où la *lumière* manquoit à l'*Univers* : mais dès que cette substance fut jointe, dans les grands corps, aux autres substances dont ils se trouvoient respectivement composés, toutes les opérations *chimiques* dont nous voyons les *monuments* passés, et les *effets* qui *continuent*, eurent leur *commencement*.

180. Nous voilà arrivés à un grand résultat, aussi profond dans la *nature*, que *reculé* dans le *temps* : c'est un point où diverses *origines* embrassant déjà chacune un grand nombre de phénomènes, viennent se réunir en une *origine majeure*, celle de la *lumière*. C'est donc là un exemple de ce que Bacon définissoit comme étant la seule *métaphysique* raisonnable : elle ne s'occupe de rien *hors de*

la nature; mais elle recherche *dans la nature* ce qu'il y a de plus *profond* et de plus *général* : elle ne fait point d'abstractions *logiques*, mais *physiques* ; les diverses branches de l'*histoire naturelle et expérimentale*, puis de la *physique* qui en tire les *inductions*, lui fournissent chacune leurs résultats déjà généralisés *physiquement* ; et en les réunissant, elle s'élève à la *fabrique de l'Univers*. Tel est le résumé de la *philosophie naturelle*, selon la définition de ce grand homme. Il croyoit possible d'y parvenir ; et il commença d'y travailler. On voit ses espérances commencer à se réaliser ; mais il nous reste d'autres *origines majeures* a découvrir, avant que d'en venir à une conclusion plus générale encore à laquelle BACON tendoit, comme *au port, au lieu de repos, de toutes les contemplations humaines*, c'est-à-dire, à la *révélation*.

181. Nous sommes ainsi remontés à un *temps* auquel tous les *grands corps* répandus dans l'espace, et la *terre* en particulier, n'étoient que des *masses* d'éléments divers, sans action *chimique* les uns sur les autres, faute de *liquidité*, et ainsi, en dernière analise, manque de *lumière*. Mais maintenant, com-

ment ces *masses* elles-mêmes avoient-elles été produites? Existoient-elles ainsi de toute éternité? Si les athées qui réfléchissent peu, croyoient pouvoir répondre d'abord affirmativement, une autre question les obligeroit à réfléchir. La *gravité* existe-t-elle aussi de toute éternité? Ici ils ne sauroient répondre par l'*affirmative*, sans aller plus loin; car l'effet immédiat de cette cause auroit été que, de toute éternité aussi, toute la matière auroit été rassemblée en une seule *masse*. Pour prévenir cette conséquence nécessaire, il faudroit donc supposer, que ce qu'on nomme les *mouvements de projectile* des grands corps, qui préviennent le rassemblement de la matière en une seule *masse*, subsistent aussi de toute éternité (*). L'athée, absolument contraint à cette hypothèse, l'admet, et il en fait même la base de son système, sous l'idée général, que le *mouvement*

(*) J'ai déjà dit dans une autre note, que le commentateur de BACON, sentant bien la force de cet argument, veut soustraire le *mouvement projectile* du nombre des *causes* qui agissent dans l'Univers, et que j'examinerois son système à la fin de cet ouvrage; ainsi je ne m'y arrête pas pour le présent.

est *essentiel* à la matière; après quoi il suppose que les molécules s'étant groupées en grandes masses, celles-ci se *meuvent* par le *mouvement moyen* de leurs *ensembles.* Tel est le système des athées les plus réfléchissants, et ils ne sauroient en avoir d'autres: leur système, dis-je, n'a d'autre fondement que celui de supposer, que la *gravité* et le *mouvement* sont deux *qualités essentielles* de la *matière.* Alors, deux questions se présentent. 1. Les *mouvements* des *grands corps*, soit de *rotation*, soit dans des *orbites*, sont-ils le résultat du *mouvement moyen* de leurs *particules?* — 2. La *gravité* a-t-elle pu former ces *masses?* Si la physique répond par une *négative* péremptoire à ces deux questions; l'athée, ainsi que le sceptique, sont complétement réfutés. Car alors il faut *nécessairement* avoir recours, pour la formation de l'*Univers* tel qu'il est, à une *cause* distincte de la *matière:* tandis que le système du premier, est qu'il s'est formé par des *causes* appartenantes à la *matière;* et celui du dernier, *qu'on ne peut rien savoir à cet égard.*

182. Pour répondre à la première question; il faut suivre les conséquences de cette hypothèse

thèse de *mouvement essentiel*, quant à la *formation* des *grands corps*; afin de déterminer d'abord, ce qui auroit dû *nécessairement* en résulter; et de voir ensuite, si l'état des choses y est conforme. C'est-là un examen dans lequel les athées n'entrent jamais, et je prie ceux qui ne le sont que par illusion de l'esprit, de fixer ici leur attention.

183. Au premier égard, l'idée de *mouvement essentiel*, attribué à chaque *particule* de la *matière* emporte *nécessairement*, une certaine *vitesse*, et dans une *direction* correspondante à *certaine face* déterminée de la *particule*. Car tout ce qui est *variable*, soit en *degré*, soit quant au *lieu*, n'est pas *essentiel*; c'est un *accident* : on en convient. Si donc de pareilles *particules* viennent à se réunir (ce dont je n'examine pas encore la cause); elles conserveront réciproquement leur *faculté propre* de *se mouvoir*; et se faisant seulement plus ou moins obstacle l'une à l'autre, elles se *mouvront* ensemble avec une *vitesse* et dans une *direction* moyennes des leurs. Deux *particules* de même *masse*, qui se rencontreront, avec une même *vitesse*, sur une même droite, s'*arrêteront* mutuellement; mais elles n'en conserveront pas moins

la faculté de se *mouvoir*, avec les mêmes *vitesses* et la même *direction*, si elles viennent à être séparées. Quand deux ou plusieurs *particules* viendront à se réunir *latéralement*, le groupe se mouvra avec la *vitesse* et dans la *direction* moyenne ; et si la *vitesse* d'un des côtés, l'emporte sur celle de l'autre, il se fera un *tournoiement*. Enfin, si des milliards sans nombre de *particules* se réunissent ainsi, pour former, par exemple, un grand corps tel que la terre ; le mouvement de *rotation* de ces corps, et son mouvement sur une certaine *route* seront les résultats des *mouvements essentiels* de toutes ses particules. Voilà une conséquence qu'on ne sauroit nier.

184. Venons donc à la terre, qui nous est bien connue, et qui nous servira sur ce point à l'examen de tous les grands corps disséminés dans l'espace. Si ses deux *mouvements* naissent de la combinaison des *mouvements essentiels* de toutes ses *particules*, sans que celles-ci ayent perdu leur faculté propre de se *mouvoir*, et l'exerçant dans cet ensemble ; toute partie, grande ou petite, de la *masse* totale, considérée séparément quoiqu'encore dans l'union, sera à-la-fois, comme chaque

particule, *entraînée* et *entraînante*, contribuant pour sa part aux *mouvements* déterminés du tout. Si donc l'hypothèse est vraie; quand une portion viendra à être *actuellement* séparée de la masse; elle ne pourra plus suivre celle-ci dans ses *mouvements*, elle se *mouvra* suivant la *vitesse* et la *direction* moyennes de ses propres *particules*; de sorte que si la *masse* étoit réduite en *pièces*, quelques-unes de celles-ci pourroient s'éloigner sans retour, tandis que les autres se *mouvroient*, comme des satellites, autour de quelque *centre de gravité* de l'ensemble des pièces, qui changeroit à mesure que, par leurs mouvements, elles changeroient de position. Si au contraire la *masse* de la terre n'a que des *mouvements* une fois *imprimés*, et qui *continuent*, les parties qui s'en sépareront, continueront de suivre ses *mouvements*; elles seront en *repos relatif*, et tendront seulement, par la *gravité*, à descendre vers le centre de gravité de la masse, jusqu'à ce qu'elles trouvent quelque obstacle.

185. Voilà donc l'hypothèse du *mouvement essentiel* amenée au jugement d'un *fait décisif*. Or que ceux qui soutiennent cette hypothèse aillent dans les montagnes; afin

d'être frappés d'étonnement de ce qu'une telle erreur a pu être conçue. Les erreurs spéculatives ferment les yeux sur les faits communs, et il n'y a que les choses non accoutumées qui puissent attirer les regards. C'est ce moyen qu'employoit toujours BACON à l'égard de l'entendement, quand il le considéroit comme son *pupille :* « Je le harcelle « (disoit-il) de toute manière, par des ins- « tances *devantes, citantes, persecantes,* « *vellicantes,* pour le tirer de ses habitudes « ou de son sommeil ». Que l'athée, je le répète, aille dans les grandes montagnes, au printemps, quand la glace se fond dans les crevasses des grandes faces des rochers, où les éboulements sont encore alors très-fréquents; et que là, seul avec la nature, n'ayant vis-à-vis d'elle aucun moyen d'amour propre, et pensant que si elle a un auteur qui l'observe, il peut courir quelque danger pour son avenir, il voie les masses qui se détachent du haut de ces rochers, tomber verticalement, rouler sur les pentes, et s'arrêter au bas. Alors il lui sera impossible de ne pas reconnoître son erreur.

186. Le *mouvement essentiel* est donc une chimère, imaginée avant qu'on eût suffisam-

ment étudié les faits, ou qu'on les eût classés suivant la méthode de BACON, pour en tirer des inductions légitimes. Tous les grands *mouvements* qui existent dans l'Univers, y ont certainement été produits par une *cause* qui en est distincte ; de sorte que si la *gravité* eût existé de tout temps, et que cette *cause* ne fût pas intervenue, de tout temps aussi la *matière*, supposée n'occuper qu'une partie de l'espace, auroit été rassemblée en une seule masse ; un *mouvement de projectile* dans les grands corps (quoique nous ne l'apercevions que dans les planètes) est la seule cause qui ait pu prévenir cet effet. Ainsi l'unique fondement de l'athéisme, depuis ÉPICURE jusqu'à nos jours, est démontré faux ; car cette proposition *négative* est péremptoirement établie, *le mouvement n'est pas essentiel à la matière* (*).

187. Cette première détermination dispenseroit, quant à l'athéisme, de s'arrêter à la seconde question relative aux grandes *masses*, savoir, si la *gravité* a pu les *produire* : car

(*) Le commentateur de BACON, M. LA SALLE, ne paroît pas admettre le *mouvement essentiel* ; mais il veut écarter le *mouvement de projectile*, ce que j'examinerai dans l'*Appendice* à cet ouvrage.

puisque le *mouvement* n'est pas essentiel à la *matière*, la *gravité* ne sauroit l'être. Cependant j'examinerai aussi cette question en elle-même.

188. Pour supposer que la *gravité* a rassemblé les particules de la matière qui forment les *grands corps*, il faut partir d'un état *antérieur* : or quel sera cet état ? Seroit-ce que les particules étoient d'abord disséminées dans tout l'espace ? Mais alors, tendant également de tout côté, elles seroient demeurées immobiles : ou si elles n'occupoient qu'une partie de l'espace, elles se seroient réunies en une seule masse, comme je l'ai déjà observé. Mais je veux accorder, et le *mouvement* et la *gravité*, comme propriétés *essentielles* de la matière, pour montrer que cela même auroit été insuffisant pour la formation des *grands corps*. La tendance des particules entr'elles par cette dernière cause, déterminée par les calculs astronomiques, est si minime, qu'elles auroient pu passer au contact les unes des autres, sans même que cela eût fléchi sensiblement leur route, et jamais il ne s'en seroit formé de *masse*. La *gravité* n'est aperçue pour les *particules* auprès des *grands corps*,

que parce que ceux-ci existent ; mais avant qu'ils existassent, elles n'auroient pu tendre que vers leur centre de gravité commun, si elles n'occupoient qu'une partie de l'espace, ou nulle part, si elles l'occupoient en entier ; et les tendances les unes aux autres auroient été absolument sans effet pour arrêter leur *mouvement*.

189. Voilà donc un troisième phénomène *cosmologique*, qui doit procéder d'une cause distincte de la *matière*, je veux dire, la formation des *grands corps* dans l'espace. A quoi se joint une autre considération ; c'est que ces corps différèrent beaucoup entr'eux à leur origine : chacun d'eux ayant les éléments propres à le faire devenir ce qu'il est par les causes qui agirent sur eux après leur production ; et ces éléments différoient beaucoup, non seulement entre les corps *opaques*, comme nous l'apercevons, et entre ceux-ci et les corps *lumineux* ; mais entre ces derniers eux-mêmes, puisque plusieurs *étoiles* émettent de la lumière *colorée*. Enfin, il résulte de cet ensemble de faits et de considérations, que la *gravité* elle-même n'appartient pas à la *matière* comme *propriété*,

puisque toutes ses particules ne sont pas rassemblées en une seule masse (*).

190. Nous avons encore un grand phénomène *cosmologique* à considérer, c'est la forme *sphéroïdale* de ceux d'entre les grands corps qui sont assez voisins de la terre pour que la différence de leurs deux diamètres puisse être observée; forme liée à leur mouvement de *rotation.* — NEWTON est encore le premier qui ait répandu de la lumière sur cet objet; mais (comme l'avoit dit BACON) pour que les différentes parties des sciences naturelles pussent arriver, en s'éclairant les unes les autres, à porter la lumière jusque sur les *origines*, il falloit qu'elles fussent également avancées. La forme *sphéroïdale* de la terre et des autres planètes n'a point été d'abord connue; on considéroit ces corps comme *sphériques*, et d'après cette seule circonstance, on conjecturoit qu'ils avoient été liquides ou mols; ce qui déjà marquoit une *période* particulière dans le *temps*. Mais NEWTON alla plus loin : partant de cette idée, et de la supposition que la terre eût alors le

(*) Voilà à quoi M. LA SALLE veut pourvoir par un nouveau système, que j'examinerai.

même mouvement de *rotation* qu'elle a aujourd'hui, il chercha quelle devroit être en ce cas la différence de ses diamètres sous l'Équateur et entre les Pôles, et il la trouva de 230 à 229. Ce que les mesures géodésiques, faites long-temps après, ont sensiblement confirmé. Ainsi, quoique la masse de la terre, aux mers près, soit maintenant *solide*, elle étoit certainement *liquide* ou *molle* au temps où elle acquit la forme *sphéroïdale*, et sa masse *solide* s'est formée depuis; ce qui confirme la conclusion à laquelle nous sommes déjà arrivés par une route très-différente.

191. Cette circonstance nous oblige à considérer maintenant une autre *origine*. Quelle *cause* a pu produire le mouvement de *rotation* dans une masse *liquide* ou molle? Rien de ce que nous connoissons dans l'Univers. Car pour qu'un corps imprime un tel mouvement à un autre corps, il faut un choc latéral. Or si un corps capable d'imprimer ce *mouvement* à une masse *solide*, frappoit une masse *liquide*, il enlèveroit la partie frappée : tout ce qui résulteroit donc de cette rencontre (qu'on seroit même bien embarrassé de rendre probable), seroit un peu de mouvement du reste de la masse sur la route du

corps frappé, et la *gravité* lui feroit reprendre la forme sphérique. Ainsi le mouvement de *rotation* des planètes éclaire encore le mouvement de *projectile*, et il est démontré, que ces mouvements ont été produits par une *cause distincte de l'Univers*.

192. Nous voilà parvenus aux *origines* de plusieurs choses très-importantes dans la nature. 1. La *formation* des grands corps dans l'espace, déjà composés des *éléments* nécessaires à la production de tout ce qu'on y observe. — 2. La *production* de la *lumière*, qui seule renferme diverses *origines* particulières; et premièrement celle de la *liquidité* dans les grands corps, qui a donné naissance à toutes les opérations chimiques dont leurs éléments étoient susceptibles; telles que l'émission de la *lumière* par les corps nommés *lumineux*; la formation sur notre globe des *couches minérales*, et leurs catastrophes; celle de son *atmosphère*, avec ses modifications successives; effets absolument nécessaires, je ne dis pas à la *production*, qui demeure lettre close pour nous, mais à la *conservation* des *êtres organisés* produits à certaines époques. — 3. L'*origine* du *mouvement de projectile* des planètes; et par in-

duction légitime, de celui de tous les *grands corps*. — 4. Celle du *mouvement de rotation* dans ceux de cs corps où nous l'apercevons, et dans tous ceux qui, probablement, en jouissent aussi. — 5. Enfin; d'après tout l'ensemble des considérations précédentes, la *gravité* n'appartenant certainement pas à la *matière* comme *propriété*, je ne balance point à placer, avec M. Le Sage, au nombre des grandes *origines* dans l'Univers, le *mouvement* imprimé aux *corpuscules gravifiques*; à ces *agents*, immédiats ou médiats de tous les *mouvements* purement *physiques* qui ont lieu dans l'Univers, à l'exception du *mouvement projectile* des *grands corps* : ou plus généralement, pour ne pas faire intervenir ici un système particulier, à l'*agent matériel* quelconque de la *gravité*, de la *cohésion*, des *affinités* et de l'*expansibilité*. Ces différentes *origines* ont certainement une *cause* qui n'appartient point à l'*Univers*. Telle est la conclusion générale de tout ce qui a précédé.

193. Voici maintenant une considération majeure. S'il eût été possible (ce que je suis bien loin d'accorder) que sans *langage* communiqué aux hommes, et sans de premières *instructions*, ils se fussent occupés de telles

recherches, cette *conclusion* seroit tout ce que les découvertes accumulées auroient pu produire jusqu'à nous; elles n'auroient rien fourni qui tendît à déterminer la *cause* de ces *origines*. Car, comme le dit BACON, c'est par une transition *abrupte* qu'on passe, de ce qu'on ne peut comprendre dans la *nature* (quand on ne se paye pas de *mots*) à l'idée d'un être *spirituel*, *créateur* de l'Univers: il nous manque quelque *grande cause*, et nous y employons cette *idée*, que l'éducation a placée dans notre esprit (*): elle ne naît pas, elle ne sauroit même naître d'une suite de raisonnements; car toute notre marche précédente a été *physique*, d'après des phénomènes *sensibles*; et la *métaphysique* qui lui appartient, n'a rien de purement rationnel, étant formée de généralisations *physiques*. Il est donc évident, que l'idée d'un être *spirituel* créateur de l'Univers, cette *idée* qui vient remplir un grand vide dans les connoissances que nous avons pu acquérir par nous-mêmes, provient d'une autre source.

(*) M. LA SALLE, aidé de toutes les spéculations de ses prédécesseurs, fait de grands efforts pour suppléer cet ÊTRE par quelque cause *matérielle*; on verra dans l'*Appendice* avec quel succès.

194. C'est par-là, comme le disoit BACON, « que les *lumières de la nature* (non les « *lumières naturelles*) peuvent bien suffire « à réfuter l'*athéisme*, mais non à fonder la « *religion* ». Les *athées* (ai-je dit) soutenant que l'*Univers* a pu se *produire* lui-même tel qu'il est, on a toujours pu démontrer contr'eux, qu'ils ne le *prouvoient* pas : ainsi ils n'opposoient rien de réel à l'*opinion de tous les hommes*, qu'une cause *intelligente*, créatrice de l'Univers, s'étoit révélée aux premiers hommes. Mais le cas étoit différent à l'égard des *sceptiques*, qui ne nient ni affirment rien; et c'étoit à cause d'eux que BACON travailloit aux moyens d'avancer les connoissances naturelles; persuadé que leur jugement sur celles que les hommes pouvoient acquérir, tant à l'égard de l'état présent des choses que sur leurs états passés, ne provenoit que de paresse d'esprit, d'impatience, et quelquefois d'orgueil; et il ne doutoit pas, que lorsque les hommes *feroient usage de tous leurs moyens*, ils ne parvinssent assez avant dans la connoissance de l'Univers, pour juger qu'il ne s'étoit pas formé par des *causes* qu'il eût en *lui-même*.

195. Ce philosophe anticipoit ainsi ce qui

seroit découvert finalement dans les routes qu'il nous ouvroit, et sa grande pénétration lui faisoit admirer le premier chapitre de la GENÈSE, auquel il revenoit souvent, directement ou par allusion, pour y distinguer les trois premiers versets, comme exprimant l'acte de *créer*, d'avec les versets suivants, descriptif de ce qui fut opéré durant les *six jours*. La *géologie* n'étant pas née encore, il n'avoit pu apercevoir la nécessité d'examiner le texte, pour juger si ces *jours* pouvoient y désigner des espaces de *vingt-quatre heures*. C'est principalement l'étude de la terre qui a fait naître cette question, maintenant décidée par le texte même, pour des *périodes* d'une longueur que les phénomènes doivent déterminer. Ici, comme sur plusieurs des autres points, je ne puis que renvoyer à mes autres ouvrages pour les preuves des propositions particulières; n'ayant eu en vue que de poser, d'après BACON, les bases d'une philosophie réelle, et de montrer ce que nous devons à à cet homme incomparable à l'égard des progrès faits depuis son temps dans la connoissance de la nature. Sur cet objet du sens du mot *jour* dans le premier chapitre de la GENÈSE, on peut voir en particulier mes

Lettres sur le Christianisme, adressées à M. Teller, prévôt de Berlin, §§ 56 et suivants.

196. Fondé sur tout ce que j'ai exposé jusqu'ici, et comptant que ceux qui aiment la vérité, en chercheront les preuves dans mes ouvrages au cas qu'ils ayent des doutes, je conclurai maintenant par un commentaire *cosmogonique* des trois premiers versets de la Genèse, renfermants ces paroles sublimes : « Au *commencement* Dieu *créa* les cieux et « la terre, — et la terre étoit sans *forme* et « *vide;* et les *ténèbres* étoient sur la face de « l'*abîme;* et l'*esprit de Dieu* se mouvoit sur « le dessus des *eaux*. — Et Dieu *dit : que* « *la lumière soit ! Et la lumière fut* ».

197. Bacon, ainsi qu'on le voit dans tout l'ensemble de ses ouvrages, et nommément d'après sa *Confession de foi* (traduite dans ce que j'ai nommé le *Recueil de Paris*), ne balançoit point à regarder ce préambule de la *révélation* comme désignant l'acte de la *puissance créatrice* de Dieu père, parole et esprit, suivant le langage soutenu de l'Écriture Sainte, avec des applications continuelles qui ne permettent pas d'y rien changer,

quoiqu'il soit, et précisément parce qu'il est pour nous un *mystère* ; et il considéroit les versets suivants, comme exprimant les actes de la *sagesse* suprême. C'étoit donc seulement l'état actuel de la *matière*, suite des opérations exécutées dans ces *périodes*, qu'il regardoit comme accessible aux hommes, suivant l'intention même du créateur en les leur *révélant*; puisqu'il leur recommande d'étudier l'Univers, et qu'il leur a donné les facultés nécessaires à cet effet. C'est pourquoi dans sa *Nouvelle Atlantide*, BACON assigne cette étude aux associés de son académie des sciences, qu'il désignoit par l'*œuvre des six jours*. Mais quant à l'acte même de la *création*, il le regardoit comme étant infiniment au-dessus des facultés des hommes, non seulement pour le concevoir, mais même pour qu'ils eussent pu s'élever, par l'étude de la nature, à se former une idée d'un tel *commencement*, ni d'aucun autre, de sorte qu'il falloit que Dieu le leur eût *révélé*. Il dit entr'autres sur ce sujet, dans ses *Fideles sermones*, art. XVI : « Les Indiens occiden-« taux ont des noms pour leurs dieux parti-« culiers, mais ils n'en ont point pour Dieu « en général : ils sont dans le cas où auroient

été

« été les Païens si, ayant dans leurs lan-
« gages les noms de Jupiter, Apollon,
« Mars, etc. ils avoient manqué d'un terme
« pour exprimer *Dieu*. Ce qui montre aussi,
« que les peuples les plus barbares ont la
« *notion* de la divinité, quoique cette *notion*
« soit très-imparfaite ».

198. L'expression : « Et la terre étoit *sans* « *forme* et *vide*, » renfermée dans ce majestueux préambule, est profondément *géologique*. La terre étoit *sans forme*; parce qu'elle n'étoit encore qu'une masse d'*éléments* réunis par une première création, mais qui ne pouvoient prendre d'eux-mêmes, ni la *forme sphérique* par la *gravité*, ni la *forme sphéroïdale* par le *mouvement de rotation*, ni aucune *forme* dans ses parties par des *affinités*, parce que la *liquidité* n'existoit pas encore. La terre étoit *vide* : sur quoi la géologie nous enseigne; que les opérations qui s'y exécutèrent durant les *six périodes* et jusqu'au *déluge*, n'auroient pu avoir lieu, si, au *commencement*, sa masse n'eût été extrêmement *poreuse*.

199. « Et les *ténèbres* étoient sur la *face de l'abîme*. C'est ici encore une image vive, en même temps qu'une expression vraie de

ce que la géologie nous enseigne sur ce que devoit être l'état immédiatement antérieur à toutes les opérations physiques sur notre globe, par les *agents* que Dieu avoit établis dans l'Univers. L'*élément* de l'*eau*, qui devoit former la mer (ou l'*abîme*) entouroit bien, à une grande profondeur toute la masse informe de la terre, mêlé d'autres *éléments*, et en particulier de celui qui, avec la *lumière*, produit le *feu*; mais quoique tout ainsi fût prêt aux opérations subséquentes, elles ne commençoient point encore, parce que la *lumière* n'existoit pas dans l'Univers : ainsi les *ténèbres* (l'absence de la *lumière*) régnoient sur la face *aquée* de la terre, avant ce grand commandement de la volonté suprême : *que la lumière soit !*

200. « L'*esprit de Dieu* se mouvoit sur le « dessus des *eaux* ». Ici l'on ne sauroit entreprendre de rien expliquer, non plus que dans l'expression : « Dieu *créa* ». La *nature divine*, ainsi que la *manière* dont Dieu *opère* sont infiniment au-dessus de notre intelligence; et ceux qui veulent abandonner la *révélation*, pour demeurer à ce *théisme* qu'ils nomment *rationnel*, ne sauroient faire un seul pas vers le *mystère* fondamental de

toute *religion*, la *nature* de l'être *créateur de l'Univers*. C'est donc avec raison que Bacon disoit : « Que *les lumières de la nature* n'étoient pas suffisantes pour fonder la *religion* ». Mais dès que, par les connoissances successivement acquises sur l'Univers *créé*, remontant aujourd'hui avec certitude jusqu'à une époque où l'*origine* de diverses choses qui le constituent essentiellement étoient hors du pouvoir de la *matière*, nous trouvons que dans la *Genèse*, le premier des *livres* qui ait existé, ces mêmes choses sont attribuées à la puissance et à la sagesse d'un *être créateur*, notre esprit n'a plus rien à désirer, et nous avons tiré de l'étude de la nature ce qu'on verra bientôt exprimer par Bacon, un moyen d'affermir et éclairer notre *foi*. Alors on ne peut se refuser à reconnoître dans ce grand *livre*, des *enseignements* de Dieu aux hommes : la *foi* des Juifs et des Chrétiens est confirmée par la *nature*; et l'on se rendroit d'autant plus coupable, n'ayant rien à substituer à ces *enseignements*, de ne pas les reconnoître.

201. Nous avons de plus, sur tout l'ensemble de ce premier objet de la *Genèse*, la preuve *historique* que les premiers hommes en avoient connoissance. Cette preuve est

dans les *mythologies* Païennes, qui, bien que souvent monstrueuses, sont évidemment fondées sur les *traditions* de NOÉ et de sa famille. Voici entr'autres ce qu'en cite BACON, au chap. XVII de son livre *de Sapientiâ Veterum*. « La fable nous apprend, que l'*Amour* est « le plus ancien des dieux et parconséquent « de toutes choses, excepté le *chaos*, qui est « aussi ancien que lui : que l'*Amour* est ab- « solument sans père ; quoique quelques an- « ciens eussent supposé qu'il étoit né de l'*œuf* « de la *nuit* : que l'*Amour* uni au *chaos*, « avoit engendré les dieux et tout ce qui « existe ». Ce n'est-là qu'une des formes, très-variées, sous lesquelles les mêmes idées se trouvent dans les *mythologies*, et se rapportent en même temps à celles des premiers versets de la *Genèse*. La terre *sans forme et vide*, est leur *chaos* : les *ténèbres* sur la *face de l'abîme*, sont leur *nuit* personnifiée : et l'*esprit de Dieu* se mouvant *sur les eaux*, est leur *Amour*, nommé quelquefois *spiritus incubans*, lorsqu'elles supposent que le *monde* est sorti d'un *œuf*. Enfin, le grand acte du verset 3, la *création* de la *lumière*, qui donna le branle à toutes les opérations physiques dont nous voyons les résultats, se trouve implicitement dans leur fable, que le *chaos* engendra l'*Univers*. Il y a long-temps que ces rapports, et d'autres que je mentionnerai encore, entre les *mythologies* et la *Genèse* ont été remarqués; et quelques spéculateurs en ont même conclus, que MOISE avoit écrit la première d'après celles-là : mais j'ai démontré l'erreur de cette supposition, et en particulier dans mes lettres géologiques adressées au professeur BLUMENBACH. On voit ainsi que ces idées, incompréhensibles pour nous, mêlées cependant d'indications auxquelles nous pouvons remonter par les phénomènes de l'Univers, avoient été *enseignées* aux premiers hommes.

202. De cette première époque de la *création*, jusqu'à celle de l'homme, intervalle qui renferme les opérations décrites dans le reste du premier chapitre de la *Genèse*, on ne trouve rien qui y corresponde dans les *mythologies*; d'où il résulte, que la famille de NOÉ n'en étoit pas instruite, et que MOISE doit au moins avoir écrit cette partie par *inspiration* de la divinité, puisque la géologie la confirme aujourd'hui. Mais depuis la création de l'homme, les *mythologies* ont de nouveau des rapports très-marqués avec la *Genèse* : elles

renferment les notions de la *chute* du premier homme, de celle d'une classe d'*esprits*, et d'un *médiateur* dans une des *personnes* de leurs *triades*; ce qui montre que la famille de NOÉ étoit instruite de ces objets, comme je l'ai fait voir plus particulièrement dans mes *Lettres sur l'éducation religieuse de l'enfance*, §§ 148 et suivants. Et quant au *déluge* et à ses suites immédiates, dont cette famille avoit été témoin, on en trouve des traits caractéristiques dans les *mythologies* et les *cultes* de tous les peuples, jusqu'au Mexique : preuve que tous les hommes qui peuplent maintenant la terre, descendent de NOÉ. Or la géologie nous enseigne très-clairement deux choses à cet égard; l'une, que le *déluge* a eu lieu de la manière dont MOISE l'annonce et le décrit; l'autre, que l'époque de cet événement n'est pas plus ancienne que sa *chronologie* détaillée ne la suppose; c'est ce que j'ai prouvé dans mes ouvrages géologiques, et qui n'a jamais été attaqué.

Après avoir retracé, fort en abrégé sans doute, mais j'espère intelligiblement, les *routes* si célébrées, et cependant si peu suivies aujourd'hui, que BACON avoit commencé d'éclairer dans le labyrinthe de la nature, et les avoir prolongées, à l'aide de ses successeurs, vers le point auquel il avoit dessein de les diriger, savoir la *philosophie première*, où devoient se réunir comme en un même tronc, toutes les connoissances acquises par les hommes sur la nature, avec celles qu'ils ont reçues de son auteur, je finirai cette exposition par un passage du livre I, *de dignitate et augmentis scientiarum*, dont j'ai déjà cité quelques parties, mais que je dois reprendre ici avec plus de détails, pour qu'on puisse juger d'autant mieux si, en me dirigeant vers ce point, j'ai fidèlement suivi les vues de BACON.

« Comme la *dignité* des *choses* surpasse « celle des *mots*, de même la *vanité* dans « les *choses* est plus odieuse que celle qui « se trouve dans les *mots*. L'avertissement « de S. PAUL : *Evitez la profane nouveauté « des mots et les oppositions d'une fausse « science ;* ne s'appliquoit pas mieux à son « temps, qu'aux temps postérieurs, ni à la « théologie qu'aux autres sciences. Dans cet « avertissement, il y a deux signes, ou in- « dices, de science suspecte ; l'un, la har- « diesse des *néologismes*, l'autre cette obs-

« tination dans les opinions qui produit des « oppositions et des altercations....

« Cette espèce de doctrine prévalut principalement chez plusieurs des scholastiques, « hommes d'un esprit subtil, mais dont « l'entendement ne pouvoit s'instruire, parce « que leurs esprits n'étoient pas moins renfermés dans un petit nombre d'auteurs, « et surtout dans les écrits du dictateur « ARISTOTE, que leurs corps ne l'étoient « dans leurs cellules cénobites; et qu'ignorant autant l'histoire de la nature que celle « de leur temps, avec un peu de matière « mais beaucoup d'esprit, et comme agitant « une navette, ils produisoient avec beaucoup de labeur les toiles qu'on trouve dans « leurs livres. Si l'esprit humain demeure « dans les *choses*, si les *œuvres de Dieu* « sont la matière de son travail, il peut l'avancer solidement; mais si, comme l'araignée en faisant sa toile, il tire la matière « de lui-même, il pourra tirer des doctrines « avec des fils très-fins et d'un admirable « travail, mais quant à l'usage, elles seront « frivoles et inutiles ».

Il continue alors ses remarques sur d'autres sources d'erreurs en philosophie, citant de sages maximes des anciens, et souvent de l'Écriture-Sainte, puis, venant à l'utilité des sciences bien dirigées, il l'introduit de la manière suivante.

« Il me semble avoir fait maintenant ressortir comme par une sorte d'incision, les « humeurs peccantes (les principales du moins) « qui non seulement s'opposoient aux progrès « des sciences, mais qui fournissoient des « motifs légitimes de les accuser. Si j'ai coupé « un peu trop au vif, il faut se souvenir, que « *mieux valent les blessures des amis, que* « *les baisers des méchants*. Quoiqu'il en soit, « il me semble avoir mérité qu'on m'accorde « quelque confiance dans l'éloge que je vais « faire de ce que les sciences ont d'avantageux, puisque j'ai été si franc dans leur « censure. Au reste, je n'ai point dessein de « faire le panégyrique des lettres, ni de « chanter un hymne en l'honneur des muses, « mais d'exposer sans fard et sans hyperbole « leur importance comparative, et de chercher leur valeur réelle dans les témoignages « *divins* et *humains*.

« Ainsi commençons par chercher la *dignité* de la science dans son Archétype, son « modèle, savoir dans les attributs et les

« actes de Dieu, jusqu'au point *où ils ont été*
« *révélés aux hommes*, et où ils peuvent les
« pénétrer avec sagesse. Le nom de *doctrine*
« n'est pas applicable ici; parce que toute
« doctrine est une science acquise, et qu'en
« Dieu, la science n'est pas acquise, mais
« originale. Il est donc mieux d'employer le
« nom que l'Écriture-Sainte nous fournit,
« celui de *sagesse* ou *sapience*.

« Voici donc l'état de la chose. Dans les
« *œuvres* de la *création*, nous voyons une
« double émanation des attributs divins, dont
« l'une se rapporte à la *puissance*, et l'autre à
« la *sagesse*. La première se distingue parti-
« culièrement dans la *création* de la *matière*,
« la dernière dans la beauté de la *forme* qu'elle
« a reçue. D'après cela, rien dans l'histoire
« de la *création* ne s'oppose à ce que nous
« considérions la masse informe du ciel et
« de la terre, comme ayant été produite en
« un seul instant; tandis que Dieu assigna
« *six jours* à la distribution de cette masse,
« et aux opérations qui devoient produire
« l'Univers. De sorte que (dans sa révélation)
« Dieu a voulu clairement établir une dis-
« tinction entre les œuvres de la *puissance*
« et celles de la *sagesse*. C'est à quoi se rap-

« portent les expressions qui les distinguent « pour l'instruction des hommes : car, à « l'égard de la création de la *matière*, l'ex- « pression n'est point, comme dans les œu- « vres suivantes : *que les cieux et la terre* « *soient ;* elle est simplement, comme chose « actuelle : *Dieu créa les cieux et la terre* ; « expression dans laquelle la *production* de « la *matière* est présentée comme un acte « immédiat ; au lieu que la *forme* est intro- « duite dans le style de loi ou de décret ».

BACON entre alors dans des détails pour établir, soit directement, soit surtout par les témoignages *divins* et *humains*, l'avantage des sciences bien dirigées ; et commençant par les premiers de ces témoignages, il cite des préceptes et des exemples tirés de l'Écriture-Sainte, en particulier de JOB, de SALOMON et de S. PAUL, et il finit ainsi sur cet objet.

« Pour conclure cette partie, outre l'or- « nement et la clarté qui résultent des « sciences quant à la *foi* et à la *religion*, « elles ont deux principaux usages à cet égard, « dont le premier est, qu'elles excitent puis- « samment à exalter et célébrer la gloire de « Dieu. C'est ainsi que le Psalmiste, et toute

« l'Écriture-Sainte nous exhortent à la con-
« templation des œuvres admirables du créa-
« teur *pour les publier.* Mais si, dans cette
« étude, nous nous bornions aux apparences
« extérieures, telles qu'elles se présentent
« d'abord à nos sens, nous ferions une aussi
« grande injure à la majesté divine, que si
« nous jugions de la richesse des écrins d'un
« grand joaillier, d'après le peu de joyaux
« qu'il expose à la vue du public. D'un autre
« côté, la saine philosophie est un précieux
« antidote contre les *erreurs* et l'*incrédulité.*
« Notre Sauveur dit lui-même : *Vous errez,*
« *ne connoissant pas les écritures et la*
« *puissance de Dieu.* Il nous indique ainsi,
« que pour ne pas tomber en erreur, il faut
« étudier deux *livres;* premièrement le vo-
« lume des *écritures* qui nous *révèle* la *vo-*
« *lonté* de Dieu; et celui des *créatures* qui
« nous manifeste sa *puissance.* Ce dernier
« est pour nous comme une clef du premier,
« non seulement pour ouvrir notre entende-
« ment, et le rendre capable de saisir le *sens*
« des *écritures*, d'après les règles générales
« de la raison et celles du discours, mais
« encore et principalement pour *éclairer et*
« *affermir notre foi*, afin d'entrer dans un

« examen sérieux de la Toute-Puissance « divine dont les caractères sont empreints « dans les œuvres ».

Ce sage philosophe expose ensuite ce que les hommes les plus célèbres ont pensé des sciences, et l'illustration qu'elles ont procurée à beaucoup d'autres ; mais fidèle à ses principes, dont il ne se départ jamais, et qu'il souhaite qu'on ne perde pas de vue, il conclut ainsi :

« Nous demandons qu'on se souvienne, « ici comme partout, que dès le commen-« cement nous n'avons point confondu, « quant à la dignité des sciences et l'appro-« bation qu'elles ont reçues, les témoignages « *divins* avec ceux *des hommes* ».

C'est ainsi qu'apprécioit les sciences humaines, celui d'entre les philosophes qui, d'un commun aveu, les avoit le mieux définies, et qui a le plus contribué à leurs progrès : il les subordonnoit toujours aux instructions divines ; montrant en même temps que c'étoit et notre devoir et notre bien.

Dieu a créé l'Univers pour la jouissance des êtres *sensibles*, il s'est manifesté aux êtres *raisonnables*, et en particulier aux hommes, à qui il a donné les instructions qui pouvoient être à leur portée, sur son existence, sur sa nature, sur l'origine de l'Univers, sur ce qu'il exigeoit d'eux et sur leur avenir. Car il savoit bien, qu'avec l'étendue des désirs et des pouvoirs qu'il leur avoit individuellement donnés pour leur bonheur, ils ne le trouveroient pas dans leurs relations les uns avec les autres, s'ils n'étoient mus que par les objets présents, et qu'ils ne reconnussent pas leur dépendance de lui quant à une vie future. Tel a donc été le but de ses *révélations*, que rien n'auroit pu remplacer; on le voit bien, par la conduite de la plupart des individus qui, pour leur malheur et celui de leurs semblables, ont cessé de les reconnoître.

Tant que les hommes, usant des facultés que Dieu leur a départies pour étudier la nature, suivent dans leurs recherches, les lois qu'il leur a données en même temps pour les y diriger, ces recherches sont pour eux une perpétuelle source de jouissances. Car, outre les secours qu'ils en retirent de plus en plus, pour leurs usages journaliers, la variété de leurs plaisirs, l'augmentation des moyens de subsistance dans les lieux où ils se multiplient beaucoup, il n'est encore, our ceux que les besoins de la vie n'occupent pas, aucun emploi plus doux, plus intéressant, plus inépuisable, de leurs facultés intellectuelles.

Mais si, dans ces études de la nature, les hommes oublient son auteur et leur dépendance de lui; si, se livrant à la vanité de leurs pensées, ils créent, pour ainsi dire, l'Univers dans leur propre esprit; ils peuvent bien s'y plaire pendant quelque temps, en s'y entretenant avec leurs idées; ils peuvent encore jouir pour un temps de la célébrité que leur procure l'originalité de leur imagination. Mais ils se lassent enfin de ces plaisirs frivoles, et ne trouvent plus que solitude, ténèbres, source d'ennui et de dégoût dans leur Univers chimérique. Alors, pour tâcher de remplir ce vide au-dedans d'eux-mêmes, la plupart abusent de la nature en cherchant le bonheur qui les fuit, et ils deviennent malheureux, parce qu'ils ont changé leur destination.

FIN.

APPENDICE,

CONCERNANT

L'édition françoise des ouvrages de BACON, *Par M.* LA SALLE.

J'AI renvoyé dans plusieurs notes, les remarques générales que je me proposois de faire sur quelques parties des *notes* et *commentaires* de M. LA SALLE; elles formeront la continuation de celles que j'ai déjà publiées dans mon petit ouvrage intitulé : *Bacon tel qu'il est*, publié au temps où je ne connoissois encore que les trois premiers volumes de cette édition; il en a paru trois autres volumes depuis, ce qui embrasse les deux principaux ouvrages de BACON, *de Dignitate et augmentis Scientiarum*, et *Novum Organum*.

La lecture de ces nouveaux volumes m'a fait éprouver un sentiment que je ne puis ni ne dois dissimuler ; c'est la peine de voir tant de talents, d'esprit, de lumières et de discernement à quelques égards, souvent même de sensibilité, rendus inutiles, même nuisibles, par des idées favorites et dominantes dans l'esprit l'esprit de l'auteur des *notes* et *commentaires* de cette édition.

Lorsque M. LA SALLE a traduit, au commencement du *Novum Organum*, l'important morceau concernant les *idoles* dont l'entendement humain est obsédé, il a mis en note (*t.* V, *p.* 103): « J'ai rencontré des gens de « lettres, de talents assez distingués, qui « s'extasioient devant cette nomenclature, « qui nous paroît à nous de *mauvais goût*, et « de plus, assez *inutile*; car nous ne *voyons* « *pas bien nettement* en quoi elle peut aider « *à interpréter* et *imiter la nature*. Une « *erreur*, un *préjugé* et un *fantôme* de l'es- « prit, ou une idée fantastique, ne sont pas « précisément la même chose. Une *erreur*, « est une opinion fausse; un *préjugé* est un « jugement, vrai ou faux, porté avant l'exa- « men; et un *fantôme*, une chimère, une « idée fantastique ou chimérique; est une « idée, et le plus souvent une image qui ne « correspond à aucun objet réel qu'elle doit « présenter. Cependant, comme le but de ce « premier livre est de préparer les esprits, en « détruisant toutes les préventions, à ce mot « *fantôme* qui pourroit déplaire à la plupart « de nos lecteurs, nous substituerons (au-

« tant que le sens de l'original le permettra),
« le mot *préjugé*, qui, dans le langage reçu,
« a une signification beaucoup plus étendue
« que je ne lui donne ici, en tirant sa défini-
« tion de son étymologie; on le substitue
« assez généralement à celui d'*erreur* ».

Toutes ces définitions sont claires, mais en traduisant par *fantôme*, le mot *idolum employé par* BACON, M. LA SALLE a entièrement changé ses vues. S'il n'eût voulu parler que des *erreurs* et non de leurs *sources*, il savoit bien le mot qu'il devoit employer. Si entre ces sources il n'eût considéré que des *préjugés* simples, il n'auroit pas employé l'expression figurée dont il s'agit. Mais il vouloit désigner ces *préjugés* impérieux, qui dominent l'entendement humain, et qu'il encense comme des *idoles ;* ainsi l'expression est très-propre en elle-même, et ce qu'elle a de frappant comme image, étoit destiné à réveiller l'entendement, à le faire tenir sur ses gardes: « Il faut lui *dénoncer* ces *idoles* (dit-il, dès « l'entrée de ses ouvrages) et dévoiler leur « *force insidieuse* ».

Voici la traduction de M. LA SALLE, de la définition donnée par BACON, de ce qu'il entend par *idolum specus* (*t.* IV, *p.* 106). « Les

« *fantômes de l'antre* sont ceux de l'homme « individuel; car, outre les aberrations de la « nature humaine en général, chaque homme « a une sorte de caverne, d'*antre* individuel, « qui rompt et corrompt la lumière natu-« relle » (*lumen naturæ*, la lumière de la nature), « en vertu de différentes causes; « telles que la nature propre et particulière « de chaque individu; l'éducation, les con-« versations, les lectures, les sociétés, l'au-« torité des personnes qu'on admire et qu'on « respecte..... Ce qui a donné lieu à cette « observation si juste d'HÉRACLITE : *Les « hommes vont cherchant les sciences dans « leurs* PETITS MONDES *particuliers, et non « dans le* MONDE UNIVERSEL, c'est-à-dire, « dans le *monde commun à tous* ». Si M. LA SALLE eût fixé ici son attention, il auroit vu comment cette dénonciation des *idoles* qui obsèdent l'entendement humain, pouvoit *aider* à *interpréter* la nature, ou du moins empêcher qu'on ne l'*interprétât* mal. Car il y auroit pu reconnoître sa propre *idole*, celle qui s'est formée chez lui par ses *conversations*, ses *lectures*, ses *sociétés*, par les *personnes qu'il admiroit* et prenoit pour modèle; ce qui a *corrompu* pour lui la *lumière de la nature*, et lui a fait créer un *monde* imaginaire.

Le *monde* sera donc ici le seul objet de mes remarques; car je n'entreprends point de relever toutes les idées accessoires répandues dans ses notes, quoique souvent très-erronées, comme procédant des idées mêmes qu'il a conçues sur le *monde* : mais on verra assez cette liaison, ainsi je m'en tiendrai à la source de ses erreurs; et pour rassembler sous des chefs précis, les passages de ses *notes* et *commentaires* qui regardent ce grand objet, je les distribuerai sous les titres suivants. I. *Les causes finales*, ou le *théisme*. — II. *Les causes les plus générales dans l'Univers*. — III. *Les principales des causes secondaires*. — IV. *Les êtres organisés appartenants à la terre, et leur histoire*.

TITRE I. *Des causes finales, ou du théisme.*

C'est toujours dans des commentaires, ou quelquefois des critiques de ce que dit BACON, que M. LA SALLE place ses propres idées; je serai donc obligé le plus souvent de citer BACON, et je le ferai d'après sa traduction même, en indiquant les *volumes* et les *pages*. Sur ce sujet des *causes finales*, je commencerai par une critique dans laquelle l'idée dominante de M. de LA SALLE se trouve enveloppée d'une équivoque assez ordinaire aux écrivains de sa secte, mais qui se développe ailleurs.

Il s'agit d'un passage de BACON, *t.* II, *p.* 93, où il montre, que l'objet des *causes finales* est très-déplacé dans la *physique*, parce qu'on n'y est pas encore préparé à l'aborder, et blâme à cet égard PLATON et ARISTOTE. « La philosophie de DÉMOCRITE « (dit-il) et de ces autres contemplatifs qui « ont écarté Dieu du système du monde, et « attribué la formation de l'Univers à ce « nombre infini de tentatives et d'essais de la « *nature*, qu'ils désignoient par le seul mot « de *destin* ou de *fortune*, ne reconnoissant

« pour *cause* des choses particulières, que la
« *nécessité*, sans l'intervention de *causes*
« *finales;* cette philosophie, dis-je, autant
« du moins qu'on en peut juger par ses frag-
« ments et ses débris, nous paroît, quant
« aux *causes physiques*, avoir beaucoup plus
« de solidité, et avoir pénétré plus avant dans
« la nature, que celles de PLATON et
« d'ARISTOTE; par cette raison-là même, que
« les premiers ne se sont point occupés de
« *causes finales*, au lieu que les derniers
« n'ont fait que rebattre ce sujet; et c'est en
« quoi il faut accuser plus ARISTOTE que
« PLATON, attendu que le premier ne dit pas
« un mot de la *source* de ces *causes finales*,
« de *Dieu*, dis-je; qu'il met la *nature* à sa
« place; et que c'est en amateur de la *logique*,
« et non de *théologie*, qu'il a embrassé les
« *causes finales*..... (*p.* 96) ARISTOTE,
« après avoir, pour ainsi dire, *engrossé* la
« *nature* de *causes finales*, et répété si sou-
« vent, que la nature *ne fait rien en vain*,
« qu'elle *vient toujours à bout de ses des-*
« *seins lorsque les obstacles n'arrêtent pas*
« *sa marche*, avec une infinité d'expressions
« de cette espèce, n'eut absolument pas besoin
« de *Dieu*. Quant à DÉMOCRITE et ÉPICURE,

« tant qu'ils se contentèrent de vanter leurs « *atomes*, on les laissa dire, et jusque-là « quelques esprits des plus pénétrants les « supportèrent. Mais dès qu'ils prétendirent « expliquer la formation de l'Univers par le « seul concours des *atomes*, sans qu'un *es-* « *prit* y eût la moindre part, ils eurent pour « réponse un rire universel ».

Personne ne peut se tromper sur cette critique de la philosophie d'ARISTOTE. *Personnifier* la *nature*, lui attribuer des *vues*, des *desseins*, n'est qu'une simple *formule physique*, où ces expressions, elle *ne fait rien en vain*, elle *vient toujours à bout de ses desseins lorsque des obstacles n'arrrêtent pas sa marche*, veulent dirent simplement; *que les causes physiques produisent toujours leurs effets, à moins d'obstacles*. Mais cette formule est déceptrice, parce qu'avec l'apparence d'admettre un *être intelligent* comme créateur et conservateur de l'Univers, on glisse des principes qui font croire aux gens peu instruits qu'on peut s'en passer; au lieu qu'il n'y avoit rien à craindre à cet égard de l'*athéisme* découvert de DÉMOCRITE et d'ÉPICURE, parce qu'on se tenoit en garde contre leurs principes et leurs arguments.

Voilà manifestement ce que veut dire BACON, et voici la note de M. LA SALLE, *p.* 93.

« Si ARISTOTE et ses imitateurs supposent « à la *nature* des *vues*, un *but*, un *dessein*, « un *plan*, un *ordre* de moyens, comme « *nous* le faisons nous-mêmes en parlant de « *Dieu*, il est clair que ce que *nous* appelons « *Dieu*, est précisément ce qu'ils appellent la « *nature*; qu'il ne s'agit entr'eux et *nous* que « d'un *nom*; et que c'est ici une *dispute* de « *mots*. Or, ARISTOTE et ses sectateurs sup- « posent en effet ce que nous venons de dire, « lorsqu'ils prétendent que la nature *ne fait* « *rien en vain : qu'elle* *choisit toujours les* « *moyens les plus simples*, etc. — *Con-* « *cluez* ». Malgré la permission que M. LA SALLE donne ici à ses lecteurs de *conclure* et l'évidence de la *conclusion*, je ne la tirerois pas, si je n'allois en donner des preuves directes; mais en les annonçant ici, je conclurai : que le *nous* dont il s'agit dans ce passage, ne désigne pas le commun des hommes, mais ceux seulement qui pensent comme l'auteur paroît souvent le faire ; ne reconnoissant d'autre *Dieu* que la *nature*, c'est-à-dire, n'en reconnoissant point.

Je remonterai d'abord à une autre note,

que j'ai déjà citée dans le *Bacon tel qu'il est*. C'est au *t*. I, *p*. 165, où BACON dit ceci dans le texte. « Une autre erreur ..... est que les « hommes, trop attachés à certaines opinions « et à certaines conceptions qui leur sont « propres et qu'ils ont principalement en ad- « miration, ou aux arts auxquels ils se sont « principalement adonnés et comme consa- « crés, en imbibent et en infectent leurs doc- « trines, donnant à tout la teinte de ces « genres dont ils font leurs délices; sorte de « fard qui les trompe en flattant leurs goûts. « C'est ainsi que PLATON a mêlé à sa philoso- « phie, la *théologie;* ARISTOTE la logique; « la seconde école de PLATON (savoir PROCLUS « et les autres) les mathématiques; car ces « arts là, ils étoient accoutumés à les ca- « resser comme leurs enfants bien-aimés, « comme leurs premiers nés ».

Voici la note, qui regarde PLATON. « S'il « est vrai que le *grand ressort* de ce *monde* « soit *Dieu;* la théorie des *ressorts* étant une « partie de la *mécanique*, et la *mécanique* « une partie de la *physique*, dès-lors on « est obligé de mêler la *théologie* à la *philo-* « *sophie*. C'est parce que les physiciens consi- « dèrent toujours le *mouvement* de ce monde

« comme déjà produit, et non comme à pro-
« duire, qu'ils ne sentent pas cette vérité.
« C'est donc parce que leur théorie des *forces*
« *motrices* est incomplète, que, dans la phy-
« sique générale, ils ne parlent point de
« *Dieu*, ou de *ses équivalents* ». Voilà comment M. LA SALLE avoit indiqué à l'avance ce qu'on devroit entendre lorsque, parlant d'ARISTOTE et de ses imitateurs, il diroit, ce que *nous* appelons *Dieu*, ils l'appellent *nature* : on voit là, que c'est un *grand ressort mécanique*, servant à produire le *mouvement* dans l'Univers, et l'on va voir cet *agent* commencer de se développer dans la note suivante.

Au *t.* IV, *p.* 73, BACON dit dans le texte :
« Approcher ou écarter les uns des autres les
« *corps naturels*, c'est à quoi se réduit toute
« la puissance de l'homme; tout le reste, la
« nature l'opère à l'intérieur, et hors de
« notre vue ». M. LA SALLE fait un long commentaire sur ce passage, dans lequel il y a des choses fort judicieuses; mais à la *page* 100, il dit ceci : « Il est faux que la nature *cache* ses
« opérations; ce sont nos préjugés et nos
« passions qui les voilent pour nous, en en
« détournant nos regards : il est impossible,

« en regardant toujours la lune, de voir le « soleil. La nature ne cache rien; ce qu'elle « cache aux yeux du corps, elle le montre « aux yeux de l'esprit, à qui *elle dit assez* ce « que peuvent la *subdivision* et le *temps*, ses « deux principaux instruments. Telle de ses « combinaisons est rare sans doute; mais les « *éléments* et les *forces primordiales* subsistent « *éternellement*. L'*agent universel*, ainsi que « ce *fond matériel* sur lequel il travaille, est « partout, par cela même qu'il est universel: « je le vois dans l'œil même qui ne le voit « pas, je l'entends dans la bouche qui le nie; « et quant à ses opérations élémentaires, ce « qu'il fait dans un temps et dans un lieu, il « le fait dans tout autre temps et dans tout « autre lieu; ce qu'il *a fait*, il le *défait sans* « *cesse*, pour le *défaire* et le *refaire* encore « dans l'*immensité des espaces* et l'*éternité* « *des temps* ».

On verra ailleurs ce qu'est cet *agent universel*, ici *personnifié* comme un substitut de la *nature*, qui *fait*, *refait* et *défait* pour *refaire*; et j'ajouterai seulement ici une note qui se trouve sur les mots; que *la nature dit assez ce que peuvent la subdivision et le temps*. « Je ferai voir (dit-il) dans une autre

« note, que la *subdivison* des parties de la « matière, opérant par cinq causes ou cir- « constances, dont une a échappé à DESCARTES « et à NEWTON, rétablit sans cesse le *mouve-* « *ment*, sans cesse détruit par cette multi- « tude innombrable de chocs qu'essuient les « corps flottants dans l'immensité de l'espace, « et qu'elle est le véritable *remontoir* de l'Uni- « vers ». On verra dans son lieu, si M. LA SALLE tient parole; s'il parvient à remplacer un *être intelligent* pour produire l'Univers; je n'ai en vue ici que de faire remarquer, les transformations par lesquelles ce *Dieu* qu'il a dit avec raison être la même chose qu'A-RISTOTE nommoit la *nature*. C'est d'abord un *grand ressort* appartenant à la *mécanique*; puis l'*agent universel*, qui *fait* et *défait* pour *refaire* sans cesse dans l'immensité de l'espace et l'éternité du temps; c'est ensuite le *remontoir* de la machine de l'Univers, qui se réduit enfin à la *subdivision* de la matière.

Voyons encore (*t.* IV, *p.* 40,) l'espèce de fonction qui remplit l'*agent universel* dans l'Univers. BACON, parlant de sa méthode de ranger les observations et expériences dans diverses *tables* successives, dit dans le texte:

« Ainsi, la première opération n'étant que « provisoire, nous indiquerons de quelle « manière et en quel temps la recherche « doit être renouvelée, et les tables ou mé- « moires de la première remplacées par « d'autres. Car nous voulons que les pre- « mières suites de tables ou de mémoires « soient pour ainsi dire mobiles sur deux pi- « vots, qu'elles ne soient que des *ébauches* « *de recherches* ».

Ici l'*agent universel*, identifié par M. LA SALLE avec la *nature*, comme il a identifié celle-ci avec *Dieu*, se trouve inopinément destiné, par son exemple, à appuyer la méthode de BACON. « En aucun genre (dit-il) il « n'est de règle assez parfaite pour nous « mettre en état d'atteindre au but du pre- « mier coup, parce qu'il n'en est point d'as- « sez complète pour embrasser en entier son « objet. D'un autre côté, le tâtonnement est « un *bâton d'aveugle*, comme l'indique le « mot qui l'exprime; mais un tâtonnement « savant et opiniâtre, combiné avec des règles « fixes et sûres, peut tout dans la théorie et « la pratique. Tel est l'esprit de la méthode, « dont nous avons un *exemple* éternellement « subsistant dans la *nature* même, *qui* a aussi

« *ses* lois fixes et *son* tâtonnement : *elle* « semble quelquefois manquer *son coup* (té« moin les monstres et les sujets difformes) « par la même raison que nos règles sont sou« vent en défaut; parce que toutes les condi« tions nécessaires pour exécuter *son œuvre* « ne se trouvent pas toujours réunies. Rien « de plus simple. L'*agent universel* tâtonne, « dans l'homme et hors de l'homme; il est « le même partout : le meilleur modèle pour « l'homme, est la *puissance* qui l'a formé; « et comme dans la *nature* tout *essaie*, la pre« mière de toutes les règles est d'*essayer* « *beaucoup* ». Parleroit-on ainsi, si l'on pensoit à un Être-Suprême!

Passons aux *fins*, aux *vues* que peut avoir un tel *agent*; et ce sera dans une autre critique du précepte de BACON, de ne pas anticiper la recherche des *causes finales*, en la plaçant dans la *physique*. Il parle ici d'une disposition de l'entendement humain à ne *savoir point s'arrêter*, à sembler *haïr le repos*; et après avoir donné de premiers exemples des mauvais effets de cette disposition, il vient à celui-ci. (*t.* IV, *p.* 118.) « Mais cette « foiblesse (dit-il) se fait sentir d'une ma« nière tout autrement préjudiciable dans la

« recherche des *causes*; car, quoiqu'il doive « y avoir, et qu'il y ait en effet dans la na« ture des *universaux positifs et réels*, qui « au fond sont tout-à-fait inexplicables; « néanmoins l'entendement humain qui ne « sait point s'arrêter et qui hait le repos, de« mande encore quelque chose de plus connu « pour les expliquer : *mais alors, pour avoir « voulu aller trop loin, il retombe dans ce « qui le touche de trop près, dans les causes « finales*, qui tiennent plus à la nature de « l'homme qu'à celle de l'Univers. C'est de « cette source qu'ont découlé tant de préju« gés dont la philosophie est infectée; et c'est « également le propre d'un esprit superficiel « et peu philosophique, de demander la *cause* « des faits *les plus généraux*, et de ne rien « faire pour connoître celle des *faits infé« rieurs* et *subordonnés* à ceux-là ».

M. LA SALLE fait un long commentaire sur ce passage, dont les *causes finales* sont l'objet. Il agite le pour et le contre de cette recherche; et il n'y voit d'autre utilité qu'en la considérant dans la *physique*, parce qu'il n'a point saisi les motifs de BACON pour l'en exclure. Ce philosophe avoit jugé, par les recherches antérieures sur cet objet, qu'en les anticipant, en s'en occupant avant qu'on eût découvert les vraies *causes physiques* (ce qu'on faisoit par l'impatience de trouver les *raisons* des *choses*), on ne pouvoit que tâtonner en leur assignant des *fins*, qui souvent étoient contredites par de nouveaux phénomènes ; ce qui jetoit dans le *scepticisme*. M. LA SALLE en sera un exemple dans ce commentaire même, mais avant que de venir à sa conclusion finale, je montrerai en quoi consiste le style à l'égard des *fins*, quand on ne considère dans l'*agent universel* qu'une *cause physique*.

(*P*. 198.) « S'il est vrai que la *nature* ait *des* « *fins* ; comme le vrai *but* de la *physique* est « de procurer à l'homme des *moyens* pour « arriver *à ses propres fins*, il seroit utile de « considérer, même en *physique*, les *fins* de « la *nature*. Car, ayant observé une fois « qu'elle espèce de *moyens* elle emploie ordi- « nairement pour arriver à des *fins* qu'il a « quelquefois lui-même, l'homme arriveroit « plus aisément à *ces fins*, en employant *ces* « *moyens*. Et quant les *moyens* qu'elle em- « ploie pour arriver à certaines *fins* seroient « en notre disposition, ces *fins* une fois con- « nues, nous connoîtrions, par cela seul, le

véritable

« *véritable usage* de *ces moyens*. Les phy-
« siologistes font avec raison une infinité
« d'*expériences* et d'*observations* pour con-
« noître les *fonctions* et la *véritable destina-*
« *tion* des différentes *parties* du *corps hu-*
« *main*; la manière de traiter ces *parties*,
« lorsquelles sont malades ou blessées, dé-
« pendant beaucoup de cette disposition et de
« ces fonctions. Il en est de même de l'Uni-
« vers entier, qui, à bien des égards, est un
« *tout organisé*, dont les parties, toutes
« mutuellement dépendantes les unes des
« autres, toutes sans cesse agissant et réagis-
« sant les unes sur les autres, sont récipro-
« quement *principes* et *fins*, *buts* et *moyens*,
« les unes par rapport aux autres; ainsi la dé-
« couverte, ou la démonstration des *causes*
« *finales*, si elle étoit possible, répandroit un
« grand jour sur la *physique*; et si ce pro-
« blême doit en être exclus, ce n'est pas
« comme *inutile*, mais plutôt comme *impos-*
« *sible*. C'est *faute d'avoir suffisamment senti*
« *cette vérité*, que ceux d'entre les physi-
« ciens qui penchent vers l'*athéisme*, ont tant
« d'aversion pour les *causes finales*. Notre
« auteur tranche ici, d'un seul mot, cette
« difficile question, qu'il ne discute *dans au-*

« *cun de ses écrits*, et dont néanmoins *dé-* « *pend*, en partie, la solution de celle qu'il « *se propose.* Car le but propre de la *phy-* « *sique*, est de *connoître la marche et l'ordre* « *de l'Univers matériel* ». Je dois m'arrêter un moment dans cette citation ; car le plan de BACON se trouvant ici entièrement changé, cesseroit d'être intelligible : mais il est surprenant que je doive le rappeler à M. LA SALLE, lui qui a traduit la totalité des ouvrages dont je n'ai donné que des extraits dans celui-ci.

Si M. LA SALLE veut dire, que *dans aucun de ses écrits*, BACON n'a traité des *causes finales* pour les *manifester* dans l'Univers, il a raison; mais pourquoi ce philosophe s'en est-il abstenu? C'est qu'il pensoit qu'on étoit fort loin de le pouvoir encore, et en particulier qu'il ne s'en croyoit point capable lui-même. Car il ne suffit pas que les *causes finales* existent dans l'Univers, pour que les hommes puissent les *y voir*, il faut qu'ils se mettent en état de les découvrir. Aussi ne pensoit-il pas que si Dieu existoit, il eût pu laisser aux hommes le soin de les trouver par une telle route; et sa persuasion de l'existence d'un *Être-Suprême*, infiniment puissant, sage et bon, n'étoit-elle pas appuyée sur les *lumières de la nature* : il regardoit bien celles-ci comme *suffisantes* pour *confondre* l'*athée*, pour le *convaincre d'erreur*, quand il entreprenoit d'expliquer l'*existence* du *monde* sans une *cause première intelligente* (c'est ce que je ferai voir bientôt à M. LA SALLE); mais quant à la *certitude* de son existence, il la tiroit de la *révélation*.

Cependant BACON n'a-t-il pas *disputé* l'objet des *causes finales?* Ici M. LA SALLE oublie le chap. IV du livre III *de la Dignité et Accroissement des Sciences*, qu'il a traduit dans son *tome* II. C'est-là en particulier que BACON a montré le contraire de ce que pense son traducteur, quant au rapport des recherches sur les *causes finales*, avec l'avancement des connoissances sur la *nature* : il a fait voir, dis-je, qu'en écartant les *causes finales* de la *physique*, on arrivoit beaucoup mieux au but qu'on devoit se proposer d'abord, celui d'avancer les sciences naturelles, *pour connoître la marche et l'ordre de l'Univers matériel*; et qu'on ne devoit s'occuper des *causes finales*, que lorsqu'on seroit arrivé à une *métaphysique* réelle, comme renfermant des résultats généraux de l'observation et de l'expérience suffisants pour une entreprise aussi profonde; et son but en cela étoit de prévenir qu'on ne continuât, comme on l'avoit fait jusqu'alors, d'édifier et de démolir dans le champ des *causes finales;* ce qui avoit produit le *scepticisme*, c'est-à-dire, le *doute* à l'égard de la croyance générale des hommes sur l'existence d'une divinité, qui s'est *révélée* au genre humain. Je rappellerai ici quelques passages de ce morceau vraiment philosophique, en les tirant du *tome* II de la traduction. « (*P.* 90.) C'est cette manie « de traiter des *causes finales* dans la *phy-* « *sique*, qui en a chassé, et comme banni la « recherche des *causes physiques*....... « (*P.* 92.) Disons que toutes les *explica-* « *tions* de cette espèce sont semblables à ces « *remores*, qui, comme l'ont imaginé cer- « tains voyageurs, s'attachent aux vaisseaux « et les arrêtent..... Elles ont fait que dès- « long-temps la recherche des *causes phy-* « *siques* languit négligée...... (*p.* 94.) Dans « ces excursions et ces irruptions continuelles « que font les *causes finales* dans les posses- « sions des *causes physiques*, elles ravagent « et bouleversent tout. Autrement ce seroit « se tromper lourdement que d'imaginer,

« que *les causes finales* une fois bien cir-
« conscrites dans leurs limites, puissent
« combattre et lutter contre les *causes phy-*
« *siques*. . . . . . Ces deux espèces de *causes*
« s'accordent parfaitement bien; avec cette
« différence, que l'une désigne une *inten-*
« *tion*, et l'autre un simple *effet* ».

Mais sans doute qu'il suffit de s'entendre sur le sens qu'on attache aux mots, pour changer entièrement la face d'une discussion; et M. LA SALLE a raison de dire, que *c'est faute d'avoir suffisamment senti* ce qu'il venoit d'expliquer conformément au *style d'ARISTOTE et de ses imitateurs*, que ceux *d'entre les physiciens* qui *penchent vers l'athéisme* ont *tant d'aversion* pour les *causes finales*. Car lorsqu'il ne s'agit que d'une certaine dénomination des *causes* qui agissent dans l'Univers, et que les *fins* s'entendent des *effets* de ces *causes*, ceux qui *penchent vers l'athéisme* n'ont plus rien qui les retienne, c'est simplement un langage de convention. Je vais maintenant revenir au *t*. IV, pour reprendre le fil des idées de M. LA SALLE, où l'on verra naître son *scepticisme*, et uniquement pour n'avoir pas saisi le plan de

BACON, ou n'y avoir pas réfléchi, sans *préjugé*.

« (*P*. 200.) Or, si le monde étoit livré à « une *force aveugle*, sans *plan* ni *but*, cette « marche (de l'*Univers matériel*) seroit « toute autre que s'il étoit gouverné par un « *être intelligent*, qui eût un *plan* fixe, et un « *but* éternel comme lui : dans cette der- « nière supposition, tous les *phénomènes phy-* « *siques* marcheroient vers cette *fin*; il seroit « alors utile de la connoître, et cette con- « noissance *abrégeroit toutes les recherches*. « Telle est en substance la réponse de ceux « qui défendent l'affirmative ». Ce n'est certainement pas-là l'idée de BACON, ni celle que devroit avoir un philosophe; car la connoissance d'une *fin*, d'un *but*, n'indique pas les *moyens*, les *causes* qui produisent *l'effet*; et c'est ce qu'on cherche dans la *physique*, même en vue de ce que désire M. LA SALLE pour les hommes, c'est qu'ils puissent diriger les *causes naturelles* vers leurs *propres fins*; comme, par exemple, lorsqu'ils connoissent bien la marche des saisons dans leurs climats, ils peuvent semer quand il faut, et serrer à temps leur récolte.

« Actuellement (continue-t-il) si l'on

« nous demande quel est notre sentiment sur « cette question, nous dirons, qu'envisagée « par le côté *physique*, elle nous semble « n'être qu'une pure *dispute* de *mots*; car, « si ARISTOTE et ses imitateurs, c'est-à-dire, « *presque tous les physiciens de notre temps*, « (quelle triste perspective!) supposent « à la *nature* des *vues*, un *but*, un *dessein*, « un *ordre de moyens*, un *plan fixe*, comme « nous le faisons nous-mêmes en parlant de « *Dieu*, il est clair qu'ils parlent du même « être que *nous*; qu'après avoir, pour ainsi « dire, *tué* Dieu, ils le *ressuscitent* aussitôt « sous le nom de *nature*; qu'il ne s'agit en- « tr'eux et nous que de ce *nom*, et que c'est, « comme nous le disions, une pure dispute « de mots. Or ARISTOTE et ses sectateurs « supposent en effet ce que nous venons de « dire, lorsqu'ils prétendent que *la nature* « *ne fait rien en vain; qu'elle choisit tou-* « *jours les moyens les plus simples; qu'elle* « *tend à reproduire sans cesse les mêmes* « *formes*, etc. Concluez ». (Voilà encore la *forme* qu'on a déjà vue.) « De plus, si la *na-* « *ture*, ou son *auteur* a réellement des *fins*, « il y a donc dans l'Univers des *effets cons-* « *tants* ». (Mais il a dit ci-dessus de l'*agent universel*, qu'il *tâtonne sans cesse*; concluez.) « Or le vrai but de la physique est « *d'observer ces effets*, afin d'en découvir les « *causes*, et de tirer de cette connoissance « des *moyens* pour les produire soi-même au « besoin et à volonté; toute la *différence* est « que ces mêmes phénomènes, les uns les « appellent *fins*; et les autres, tout simple- « ment *effets*. Enfin, que Dieu agisse sur la « matière par l'entremise du *fluide* dont nous « parlions plus haut, et dont nous avons *dé-* « *montré* l'existence dans une des *notes* pré- « cédentes, ou que ce *fluide* soit la *cause* « *première*, cela revient encore au même « pour les chimistes et les physiciens. Mais « notre auteur ayant souvent répété que la « *méthode* exposée dans cet ouvrage s'applique « aux *questions* de *morale* comme aux ques- « tions de *physique*, en donnant ici l'exclu- « sion *à celle des causes finales*, il tombe « dans une sorte d'*inconséquence* ».

Telle est la conclusion du long commentaire de M. LA SALLE sur ces mots de BACON, parlant de l'entendement humain : *Mais alors, pour avoir voulu aller trop loin, il retombe dans ce qui le touche de trop près, dans les causes finales*. M. LA SALLE avoit-il en vue cette conclusion quand il a commencé? Il a trop de bon sens pour cela : ce n'étoit pas une règle de *logique* qu'il avoit dans l'esprit, ni une critique de l'idée de BACON sous ce point de vue; il savoit bien, que quoiqu'une même *méthode* soit applicable à divers objets, ils n'en demeurent pas moins distincts. Cette remarque aura donc échappé de sa plume, sans y avoir beaucoup réfléchi, quand il sera venu à penser, qu'il falloit pourtant conclure de quelque manière sur ce qui paroissoit avoir été son sujet. Il conclut donc ensuite sur ce qu'il avoit réellement en vue, et cette conclusion sera très-importante à examiner; mais seulement après que j'aurai fait voir, par un autre *commentaire*, ce qui l'a fait recourir au *fluide* dont il parle dans le même passage, qui peut être pris si l'on veut, ou pour une espèce d'instrument sous la direction de Dieu, ou pour Dieu lui-même; et il a raison à cet égard, dans sa manière de traiter des *causes finales*.

Nous sommes obligés de passer pour cet effet au *tome* VI de la traduction. Il s'agit là d'un *commentaire* sur le long Aphorisme XLVIII du *L.* II du *Novum Organum*, où BACON traite du *mouvement*. Il n'avoit encore aucun *fil* dans ce *labyrinthe*, comme il le nomme lui-même; mais il insistoit sur ce qu'il falloit le chercher, s'il l'on vouloit comprendre quelque chose au mécanisme de l'Univers. Il procède donc ici, pour indiquer les routes de recherches, comme il le fait dans tous les exemples de commencements semblables; c'est de saisir tous les *points de vues* sous lesquels l'objet se présente dès qu'on commence d'y fixer son attention; de faire de ces *points de vues*, comme des *étiquettes* de *cases*, de *layettes*, où l'on placera ensuite toutes les observations bien faites qui s'y rapporteront. Jetant donc un premier coup-d'œil sur l'ensemble des phénomènes du *mouvement*, il en déduit dix-neuf *titres* ou *étiquettes*; donnant quelques exemples de chacun de ces *points de vues*, afin de les mieux définir. A quoi il revient ensuite par des subdivisions, dans son *Filum labyrinthi, sive inquisitio legitima de motu*, faisant partie des *Impetus philosophici*. Mais il s'agit ici de cette première division, et de la seizième espèce de *mouvement* en particulier, dont la traduction se trouve au *tome* VI, *page* 174.

« Soit le seizième des *mouvements* à dé-
« nombrer, le mouvement *royal* (car telle est

« la dénomination que nous employons pour « le caractériser) ou le mouvement *politique*, « par lequel les parties qui, dans un corps, « prédominent et commandent, mettent, « pour ainsi dire, un frein aux autres, les « dominent, les subjugent, les gouvernent « et les forcent à se réunir, à se séparer, à « s'arrêter, à se mouvoir, à se placer; non « pas en obéissant simplement aux *tendances* « *qui leur sont propres*, mais de la manière « la plus appropriée, et tendante le plus di- « rectement au bien-être de cette partie qui « commande; en sorte qu'il y a une sorte de « *gouvernement* et de *police*, que la partie « régnante exerce sur les parties sujettes. Ce « *mouvement* réside au degré le plus émi- « nent dans *les esprits* des *animaux* : tant « qu'il est dans sa force, il règle tous les « mouvements des autres parties, et les tem- « père les uns par les autres. Il se trouve « aussi dans les autres corps, mais à un « degré inférieur...... » Telle est la peinture, servant, comme je l'ai dit, d'*étiquette*, à une espèce de *mouvement*, entre toutes les autres que BACON avoit caractérisés par des noms pittoresques, jusqu'à ce qu'on en eût déterminé la nature essentielle.

Ce tableau a effrayé M. LA SALLE; il n'a pas cru que le plan de recherches qu'il présentoit pût, jamais être à la portée des hommes; quoiqu'il eût traduit, *tome* IV, *page* 360, *l'Aphor.* CXI (CXII d'autres éditions) du *L.* I du *Novum Organum*, où BACON donne un préservatif bien raisonnable contre cette crainte. « Cependant (dit-il) il ne faut pas se « laisser trop *effrayer* par la *multitude des* « *faits*, qui au fond seroit plutôt pour nous « un nouveau motif d'espérance. Car les phé- « nomènes particuliers de la nature et des « arts, une fois éloignés des yeux du corps, « par abstraction de la masse des choses, ne « se présentent plus aux yeux de l'esprit que « comme *une poignée*. Enfin, cette route-ci « a du moins *un terme*, et elle débouche « dans un terrein ouvert; au lieu que l'autre « est *sans issue*, et l'on s'y *embarrasse de* « *plus en plus*. Les hommes n'ont encore fait « dans l'*expérience*, que de courtes pauses; « ils n'ont fait que l'effleurer; et ils ont perdu « un temps infini dans de simples *médita-* « *tions*, et dans les pures *opinions* de leur « esprit ». Voilà ce qu'a dû dire BACON à M. LA SALLE tandis qu'il le *traduisoit*; voyons l'usage qu'il en a fait lorsqu'il est arrivé au tableau des différentes faces que présentent les *phénomènes* du *mouvement*. C'est au *tome* VI, *page* 208.

« Considérant l'*effrayante* complication « des moindres composés, et le peu de pro- « portion qui se trouvoit entre les limites de « mon esprit et le nombre infini d'observa- « tions, de relations et de combinaisons qu'il « faudroit embrasser pour devenir vraiment « savant en quelque genre que ce fût; et con- « vaincu que les parties de ce vaste Univers, « toutes immédiatement ou médiatement « contiguës les unes aux autres, toutes sans « cesse agissantes et réagissantes les unes sur « les autres, étant ainsi nécessairement toutes « *causes* et *effets*, *buts* et *moyens*, *principes* « et *fins* les unes des autres..... Que les di- « verses sciences étant moins la considération « des différentes parties de l'Univers, que les « différentes manières d'en considérer chaque « partie pour savoir à fond une seule chose, « il faudroit *savoir tout* : alors je commençai « à savoir *que je ne savois rien*, et à croire « *que je ne pouvois rien apprendre*. Il me « paroissoit impossible d'acquérir sur le sujet « le plus limité, des connoissances suffisantes, « s'il n'existoit quelque voie plus abrégée

« que ces *longues analises* auxquelles je me « croyois condamné, et où je ne voyois ni « *commencement* ni *fin* ».

Arrêtons-nous encore ici, pour considérer la position où se trouvoit M. LA SALLE, au moment où il prit l'élan qu'on va voir. N'ayant peut-être commencé à considérer la nature avec quelque attention, qu'au temps où les ouvrages de BACON devinrent pour lui un objet d'entreprise, il ne vit les sciences que dans l'état où elles avoient pu se présenter à ce philosophe; il n'y trouva encore ni *commencement* ni *fin*, parce qu'il n'avoit parcouru que superficiellement les ouvrages des physiciens qui, étant entrés dans les routes tracées par BACON, y y avoient porté fort loin les découvertes, et même sur le *mouvement* dont il s'agissoit là; et il ignoroit ainsi, qu'on ne pouvoit plus traiter d'une manière arbitraire, et comme en s'y jouant, le grand objet de la *physique mécanique*. C'est par là qu'il lui parut encore, *qu'il étoit impossible d'acquérir sur le sujet le plus limité des connoissances suffisantes, s'il n'existoit quelque voie plus abrégée que ces longues analises*; c'est-à-dire, plus abrégée que l'étude *de ce qui est*. Mais par là aussi, il s'est placé au rang de ceux qu'il a

définis, en traduisant BACON au *tome* I, *p*. 164. « Au reste, ces merveilleux *conjectu-*
« *reurs*, et s'il est permis de s'exprimer
« ainsi, ces intellectualistes, qui ne laissent
« pas d'être décoré du titre de *sublimes*....
« dédaignent l'*abécédé* de la *nature*, et cet
« *apprentissage* des *œuvres divines*. Sans ce
« mépris, ils auroient peut-être pu, en mar-
« chant *par degrés et pas à pas*, apprendre à
« connoître d'abord les *lettres simples*, puis
« les *syllabes*, enfin s'élever au point de lire
« couramment le *texte* même, le *livre* en-
« tier des *créatures*. Mais eux au contraire,
« dans une perpétuelle agitation d'esprit, ils
« sollicitent et *invoquent*, pour ainsi dire,
« leur *génie*, afin qu'il *prophétise* en leur
« faveur, et qu'il leur rende des *oracles*,
« qui les trompent agréablement, et les sé-
« duisent comme ils le méritent ».

Voilà précisément ce qui est arrivé à M. LA SALLE; car après la *despération* qu'on vient de voir (qu'on me passe ce terme), il s'exprime ainsi. « Mais enfin *je m'aperçus*, qu'il
« se trouvoit dans chaque composé un *élé-*
« *ment dominant*, une sorte de *roi* qui, bien
« connu et bien travaillé, mettoit en état
« d'acquérir sur les autres éléments les con-

« noissances nécessaires, et d'agir sur eux « tous avec peu de moyens, avec de petits « moyens, quelquefois même avec un seul et « fort commun ». C'est de cette *inspiration* qu'est né le *fluide* dont il s'agissoit dans le passage qui m'a fait recourir à celui que je viens de copier. Je viendrai à cet *élement dominant*, en rassemblant les passages où il a pris naissance. Mais ici on voit clairement la manière dont M. LA SALLE a étudié la nature; et il étoit nécessaire de le montrer, pour qu'on fût moins surpris de la *conclusion* que j'ai laissée en arrière par cette raison, dans le long commentaire sur les *causes finales*, où, comparant les idées de *fins* pour les théistes, avec celles de l'athée ARISTOTE, il réduit la *différence* à une *dispute* sur les *mots*. Je reviens donc au *tome* IV, *page* 202.

« Au reste, cette question des *causes* « *finales*, et surtout de la *première de ces* « *causes*, la plus *importante* et la plus dif- « ficile question que l'homme puisse propo- « ser à l'homme, je l'ai beaucoup plus appro- « fondie dans un ouvrage *ex-professo*; et j'ai « tant *prouvé* l'existence de cette *première* « *cause*, qu'à la fin je suis parvenu à en *dou-* « *ter*. Si j'en crois ma seule expérience, il y

a

« a un Dieu ; si j'en crois mes cent mille raisonnements, il n'y en a point. Car tel en « fut le résultat le plus clair et le plus net : « *Je conçois très-clairement, qu'il existe un* « *Être Suprême que je ne conçois point du* « *tout ; et c'est précisément parce que je ne le* « *conçois pas du tout, que son existence* « *me paroît si certaine*. Au fond, pour la « plupart des hommes, c'est le *sentiment* qui « en décide : Dieu existe *pour les gens de* « *bien*, qui *souhaitent* son existence ; et « n'existe point pour les *méchants*, qui la « *craignent* : ce sont nos *vices* ou nos *vertus*, « qui le *tuent* ou le *ressuscitent* dans notre « opinion ; et selon qu'ils le ressuscitent ou « le tuent, nous nous occupons du modeste « dessein de nous *transformer* nous-mêmes « en *hommes vertueux* ou de l'ambitieux « projet de *transformer* les corps d'une espèce « en ceux d'un autre espèce ».

Ceci ne m'a pas frappé seulement, j'en ai été véritablement ému. Quel contraste ! Combien ne seroit-il pas utile de découvrir ce qui le produit ! A la lecture de ce passage, et de plusieurs autres, on peut juger ce me semble que l'auteur (dont je ne connois rien que par cet ouvrage) ne *craint* pas que Dieu *existe* ;

et suivant sa propre règle, c'est un signe qu'il est porté à la *vertu*. Pourquoi donc fait-il tant d'efforts, et des efforts aussi contraires au bon sens qu'on le verra, pour se passer d'un *être intelligent* dans la nature? Ce contraste est d'autant plus grand, qu'il sent même le besoin du *christianisme*. C'est ce que prouve plusieurs de ses *notes*, et deux entr'autres consécutives au *t*. IV, sur l'*Aphor*. LXXXVIII du *L*. I. du *Novum Organum*, destiné par BACON à montrer le tort qui est résulté en même temps pour la *philosophie* et pour la *religion*, d'un mélange inconsidéré de l'une avec l'autre; surtout (dit-il) *dans les méthodes des théologiens scholastiques*, qui *avoient mêlé à la religion, la philosophie contentieuse et épineuse d'ARISTOTE*. Ici M. LA SALLE, qui, dans un sujet très-analogue, avoit pris le parti d'ARISTOTE contre BACON, fait le contraire dans deux notes, dont voici la première à la *page* 301. « Le « vrai *christianisme* est la philosophie du « *cœur*; il est tout compris dans ce seul mot: « *aime*. La *philosophie* d'ARISTOTE n'est « qu'un jeu d'esprit, une sorte de jeu d'échecs, « qui dessèche l'homme, et n'engraisse que « son *orgueil* ».

J'ai dit que c'étoit ici un cas, quant à ARISTOTE, analogue à celui où il avoit dit, contre BACON, qu'en attribuant des *causes finales* à la *nature*, ce philosophe ne différoit que par un *nom*, de ceux qui les attribuent à Dieu. Il pense bien différemment ici, où il paroît écouter son cœur; il va même trop loin contre la physique, dans une note à la page suivante, ce qui donnera lieu à plus d'une réflexion; voici cette note.

« S'il est vrai que tout l'essentiel du *chris-*
« *tianisme* consiste dans le double *amour* de
« *Dieu* et du *prochain*, comme le prétend le
« *législateur* même, qui apparemment y en-
« tendoit quelque chose, et que l'homme ne
« puisse être *heureux* qu'en *aimant* ceux avec
« qui il vit, le *christianisme* est donc fondé
« sur la nature même de l'homme; dès-lors
« il n'est pas bien difficile de le déduire des
« principes philosophiques; il suffit pour cela
« d'un raisonnement fort simple, et il n'est
« pas besoin de le chercher bien loin, puis-
« que le voilà. De plus, si l'on pouvoit per-
« suader aux hommes, qu'outre la récom-
« pense naturelle attachée à une conduite
« fondée sur ce *double amour*, ils doivent en
« espérer une infiniment plus grande dans la

« *vie future*, une telle opinion, qui auroit
« l'avantage de *consolider la morale*, ne fe-
« roit d'ailleurs obstacle, ni aux opérations
« politiques, ni aux expériences de physique.
« Comme la science acquise *par la voie ordi-*
« *naire* a l'inconvénient de nourrir l'*orgueil*
« et tous les vices qui en dérivent, il est né-
« cessaire de ramener de temps en temps les
« jeunes physiciens à la *science* qui *apprend*
« à *faire un bon usage de toutes les autres*.
« S'il y a une *moralité* dans l'Univers, comme
« on ne peut en douter, dès-lors les *causes*
« *morales* y étant mêlées partout avec les
« *causes physiques*, et par conséquent en
« partie *causes* de ces *mouvements* mêmes
« qui sont l'objet de la *physique*, pourquoi
« ne pas entrelacer, dans nos *livres*, ces deux
« espèces de *causes*, comme elles le sont
« dans l'Univers, dont ces livres doivent être
« le tableau? Quelle différence, ô lecteurs
« aussi *sensibles* que *judicieux*! de cette
« physique sèche et toute tissue de faits au
« fond assez indifférents, ou de bizarres for-
« mules, à cette autre physique qui, en
« déployant à nos yeux le vaste et magnifique
« spectacle de l'Univers, y *met*, ou plutôt y
« *laisse* un Dieu qui donne à ce grand tout

« l'unité, l'ame et la vie, comme l'ont fait « NIEUENTTYT, PLUCHE et BERNARDIN, qui, « à la vérité, donne quelquefois un peu dans « l'excès, mais dans un excès infiniment « moins dangereux que l'opposé. Sans ce « correctif, cette physique n'est que l'occu- « pation d'un vil joueur de gobelets, et ces « mathématiques ne sont qu'un frivole jeu « d'échecs, bons pour former des statues, « non des hommes ».

Je n'ai pas l'avantage de connoître M. LA SALLE; je n'ai point eu même occasion de m'informer de lui, et je ne le connois, comme je l'ai déjà dit, que par cet ouvrage : mais il se peint dans ce morceau d'une manière qui m'a fortement intéressé, parce que je puis juger, ou qu'il est déjà à plaindre d'avoir abandonné la foi chrétienne, ou qu'il le deviendroit enfin si, demeurant dans la même confusion d'idées, il se trouvoit un jour dans le silence à l'égard des objets du monde. C'est pourquoi, observant depuis long-temps la *nature*, qu'il n'a fait qu'effleurer, et ayant bien étudié les philosophies de BACON et de NEWTON, dont il s'est fait de fausses idées, j'ai cru devoir lui faire mes représentations en homme sincère, qui désire son bien et celui de ses lecteurs. Les deux derniers passages que je viens de citer de lui seront ici mon texte, puisque ce sont ceux-là principalement, qui, fixant aussi mon attention sur d'autres, m'ont fait naître a réflexio n que je viens d'exprimer.

Le *spectacle de la nature* n'est rien pour nous, si nous n'y *laissons pas* Dieu. Voilà ce que sent M. LA SALLE, et que tout homme réfléchissant doit sentir. Mais comment les hommes de tous les siècles se sont-ils représenté Dieu dans l'Univers? Pourquoi n'est-il besoin que de l'*y laisser*, et non de l'*y mettre*? Ce qui est une réflexion de M. LA SALLE : il n'a même fait que la satyre de ceux qui croient l'y *placer* eux-mêmes par leur raison, lorsqu'il a énoncé ce paradoxe : « Je *conçois* « *très-clairement* qu'il existe un *Être Su-* « *prême*, que *je ne conçois point du tout* ». Car c'est une idée absurde que celle de prétendre, que les hommes aient trouvé par la *raison*, l'existence d'un *être* dont ils ne peuvent se former aucune idée. Ainsi les hommes n'ont point *conçu*, ils n'ont point *trouvé* eux-mêmes l'*existence* de Dieu ; et M. LA SALLE avoue, qu'il n'a pu y arriver par ses *cent mille raisonnements*, dans lesquels sans doute il a rassemblé tous ceux des théistes spéculatifs.

D'un autre côté, il aime le *christianisme*, et c'est parce que cette religion recommande l'*amour* de *Dieu* et du *prochain*. Il sent que pour être *heureux*, il faut *aimer*, et, pour ainsi dire, *aimer* abstraitement; que le cœur de l'homme a eté fait pour *aimer*; qu'il en a un besoin qui ne peut être satisfait en *n'aimant* que *ceux avec qui il vit*; car en effet, quelles vicissitudes dans cet amour par les foiblesses des hommes! En vain même embrasseroit-on tous les hommes, car ils sont souvent fort peu aimables. Il faut donc les *aimer* comme par *réflexion* : pour cet effet il faut reconnoître un *être intelligent* comme maître de la nature; le considérer comme l'archétype du *bien*, de la *bonté*, de l'*affection*, de la *miséricorde*, et que par-là il devienne le premier objet de notre *amour*; afin qu'en lui, comme créateur, et par lui, comme législateur, nous venions à considérer nos semblables, malgré leurs défauts qui nous repoussent si souvent, comme ses *créatures*, qu'il *aime* lui-même, et que nous devons aimer. Pour cela donc, il faut que Dieu *existe*; et comment sait-on qu'il existe, même par le *législateur* auquel M. LA SALLE fait ici allusion, et qu'il nomme ailleurs (*tome* IV, *page* 227) *le grand homme de Nazareth?* Puisqu'il ne présente pas, à la manière des philosophes, l'existence de Dieu comme un problème à résoudre, mais qu'il la suppose; puisque pour porter les hommes à *aimer Dieu et le prochain*, il *n'exhorte* pas seulement, mais il *ordonne*.

Enfin, M. LA SAL E remarque avec beaucoup de justesse : « Que si l'on pouvoit *per-* « *suader* aux hommes, qu'outre la récom- « pense naturelle attachée à une conduite « fondée sur ce *double amour*, ils doivent « en espérer une infiniment plus grande dans « la *vie future*, une telle opinion auroit « l'avantage de *consolider* la *morale* ». Il ira plus loin, avec une plus grande connoissance des hommes; il verra qu'il ne peut y avoir que cette *persuasion* qui, pour tous, soit capable de réprimer les passions, et pour les gens de bien, puisse les consoler de l'ingratitude qu'ils éprouvent quelquefois dans le commerce avec les autres hommes et de ce qu'ils ont souvent à supporter de leur part. C'est l'existence de cette *vie future*, qu'affirmoit aussi le *grand homme de Nazareth*; mais sur quel fondement, puisqu'il n'*argumentoit* pas comme les philosophes ?

Puis donc que les hommes ne peuvent être vraiment *heureux* qu'*en aimant Dieu et leur prochain*, parce que leur cœur a été *fait* pour *aimer :* puisque la société ne pourroit subsister sans ce double lien, parce qu'elle exige que les hommes s'aident et se supportent les uns les autres : puisque pour *consolider* ce lien, il faut l'assurance d'une *vie future*, qui réduise les objets présents à leur valeur : puisqu'enfin les *cent mille raisonnements* de M. LA SALLE ne suffisent pas à poser la base de cet édifice, savoir, la certitude de l'existence de Dieu ; ne se présente-t-il pas ici une réflexion bien frappante ? Peut-on penser, que si Dieu *existe* en effet, il ne se soit pas *révélé* aux hommes ? Les idées de *Dieu révélé* et de *Dieu existant*, ne se présentent-elles pas comme indissolublement liées ? Or c'est aussi ce que tout le genre humain a attesté dans tous les temps.

On comprendra maintenant le vrai plan de BACON, que les préjugés de M. LA SALLE l'ont empêché de saisir. Dès l'entrée de ses ouvrages, en les finissant, et dans tout leur cours, il professe de reconnoître la *révélation divine* dans l'Écriture-Sainte; elle est la base de sa philosophie, de sa morale, de sa politique, comme elle est celle de son bonheur. Il avoit étudié les ouvrages de tous les philosophes, et il y avoit trouvé, que quoiqu'ils se fussent beaucoup occupé de la *nature*, ils n'avoient fait que bien peu de progrès dans sa connoissance, parce qu'ils l'avoient mal étudiée. S'appliquant en particulier aux systèmes des philosophes qui s'étoient élevés parmi les païens (chez qui les *révélations* de la Divinité s'étoient perverties, quoiqu'ils n'eussent pas perdu l'idée de quelque Être Suprême), il y avoit remarqué, que pour avoir voulu interpréter la nature en vue d'une *cause première*, sans être assez avancé dans les connoissances naturelles, ils n'avoient produit que le *doute*; ce qui s'étoit propagé parmi les spéculateurs chrétiens, depuis l'époque nommée le *renouvellement des lettres*, où l'on ressuscita ces systèmes fantastiques. Il vit donc qu'il falloit faire main basse sur tous les *raisonnements* passés à cet égard, ne retenir que ce qui s'y trouvoit mêlé de *faits*, en les dépouillant de ce qu'il y avoit d'erreurs; puis en rassembler de nouveaux partout où il en manquoit, en chercher les liens, et fonder ainsi une vraie *science de la nature*, qui en effaçât les fausses images d'où étoit né le *scepticisme*.

Or ce n'étoient pas seulement les ÉPICURE, les DÉMOCRITE, les ARISTOTE, en un mot les athées qu'il avoit en vue; c'étoient les PLATON, les SOCRATE, les CICÉRON, ces théistes qui avoient cherché à s'élever par leurs propres forces à la connoissance de l'Être Suprême voilé par les mythologies; parce que connoissant fort peu la nature, ils donnoient prise à leurs adversaires. Et il en a été de même parmi les spéculateurs, depuis que les lumières de la *révélation* ont été répandues par le christianisme. Présumant trop de leurs forces, avant que d'en avoir acquis de réelles par l'étude de la terre et de l'Univers, bien des chrétiens ont entrepris d'ajouter à l'autorité majestueuse de notre tradition, des preuves de l'existence de Dieu, ou de la vérité de la *Genèse* tirées de la *nature*, et ils n'ont fait ainsi que donner prise à ceux qui attaquoient l'une ou l'autre par la même route; ce qui n'auroit pas eu lieu, s'ils s'étoient bornés à les *réfuter*.

Voilà ce que BACON vouloit inculquer par ses remarques. Il sentoit ce qu'exigeoit en tout la *démonstration*; il voyoit le mal qui étoit résulté, à l'égard des *vérités révélées*, des mauvaises manières de *démontrer*. Mais en même temps il reconnoissoit cette pente de l'esprit humain à fouiller dans les secrets de la nature; il voyoit que leur obscurité ne l'arrêtoit point, qu'il sembloit même s'y plaire, parce qu'il aimoit à *créer*. Il sentit donc qu'il seroit impossible d'arrêter le cours de ces recherches, mais que pour y avancer, avec un succès réel, les hommes avoient besoin de préservatifs autant que d'aides; et un de ses préservatifs fut : de ne pas s'occuper de *causes finales* tant qu'on ne feroit encore que tâtonner dans l'*histoire naturelle* et la *physique*; parce que, dès qu'on croit avoir des *vues*, on est porté à les regarder comme *causes* ou *moyens*, et l'on s'occupe foiblement de ceux-ci, qui seuls cependant pourroient un jour manifester les *vues* réelles. Il exhortoit donc les hommes à ne point mettre en danger, par leur impatience, le précieux dépôt de la *révélation*, ce *port* (disoit-il), ce *lieu de repos de toutes les contemplations humaines*; en faisant dépendre leurs idées de *théisme*, de ce qu'ils croyoient trouver d'*ordre* dans l'Univers, souvent sans rien connoître de ce qui se passe autour d'eux, ou en le jugeant mal.

Voici comme il résume entr'autres ce précepte dans le XVI de ses *Fideles Sermones*, déjà cité dans la Partie II de cet ouvrage. « Il est vrai qu'un peu de *philosophie natu-* « *relle* peut faire pencher les hommes vers « l'*athéisme*; mais une connoissance plus « approfondie des choses doit les ramener à « la *religion*. Car lorsque l'entendement hu- « main ne considère les *causes particulières* « que comme éparses, il peut bien s'y fixer « et ne pas aller plus loin; mais quand il con- « tinue les recherches, et voit ces *causes* se « lier les unes aux autres pour former comme « une *chaine*, il voit la nécessité de recourir « à la *Providence* et à la *Divinité* » : c'est-à-dire, de retourner à la *religion révélée*.

Ce plan étant si évident dans tous les ouvrages de BACON, comment M. LA SALLE, dans sa première préface, a-t-il pu transformer le philosophe qu'il vouloit faire connoître à ses compatriotes, en adversaire de la *révélation!* Comment s'est-il proposé même de faire servir de tels *commentaires* à l'instruction de la jeunesse! Je ne pus donc, en considérant cette *préface*, que le voir lié à la secte dont il servoit ainsi les vues, et c'est ce qui a donné naissance à *Bacon tel qu'il est*.

Ce fut avec peine que je sentis la nécessité d'attaquer ouvertement une exposition si contraire à la réalité et au bien de la jeunesse. Par conséquent, c'est au contraire avec beaucoup de satisfaction que je l'ai vu, dans le morceau auquel je me suis arrêté ici, exprimer presque dans les termes de BACON : « Que la « science acquise par *la voie ordinaire* » (c'est-à-dire, sans doute, par les recherches seules des hommes), « ayant l'inconvénient « de nourrir l'*orgueil* et tous les vices qui en « dérivent; il étoit nécessaire de ramener de « temps en temps les *jeunes physiciens* à la « science qui *apprend* à faire un *bon usage* de « *toutes les autres* ». Or il venoit de désigner cette *science*, c'est celle qui enseigne l'*amour* de *Dieu* et du *prochain*, appuyée, *consolidée* par l'attente d'une *vie future;* il l'a nommée même cette science, c'est le *christianisme*, l'instruction du *grand homme de Nazareth*. Mais comme *législateur* du *christianisme*, Jésus-Christ n'*argumentoit* point, il *affirmoit* et *ordonnoit :* comment donc a-t-il pu faire dans le monde une révolution, qu'avoient tentée avant lui tant de philosophes, et que tous les efforts des philosophes modernes ne sauroient détruire? Quand le jugement de

M. LA SALLE sera d'accord avec son cœur, il sera de l'avis de BACON; ce législateur a fonde le christianisme par ses *miracles*, sa *résurrection* et son *ascension* au ciel; en mettant ainsi le sceau à toutes les *révélations* précédentes, depuis celles que reçut le premier homme; et retraçant ainsi, non aux *juifs* seulement, mais aux *païens*, la première source de toutes leurs notions de la divinité. C'est par sa prédication que les hommes *conçurent* Dieu autant qu'il est *concevable* pour eux dans cette vie; ils ne le *cherchèrent* pas; mais les uns le *retrouvèrent*, et les autres le *conservèrent* par la même voie qui en avoit répandu l'idée parmi le genre humain, et le reçurent comme de nouveau, avec tous ceux de ses attributs qu'il lui a plû de révéler aux hommes, joints à la connoissance précise de sa *volonté* à leur égard. Tels sont les idées et les sentiments de BACON, et c'est par-là seulement que peuvent se réaliser les désirs de M. LA SALLE; car jamais les hommes ne s'en rapporteront à des hommes sur ces grands objets.

Lorsque j'ai réfléchi sur les passages que je viens de commenter et sur plusieurs autres de même nature; quand j'y ai ajouté la considération de nombre d'autres passages où M. LA

SALLE montre en même temps beaucoup de discernement ; je n'ai pu m'empêcher de chercher la cause principale de ce qu'ailleurs, il paroît un tout autre homme, et j'ai cru la voir dans un genre de *fanatisme*, qui lui offusque l'esprit lorsqu'il s'y réveille ; celui d'une classe d'hommes qu'il avoit sans doute admirés dans un âge où il n'avoit pas eu le temps de les sonder, et dont il a suivi l'impulsion ; c'est le fanatisme contre les *prêtres* ; dénomination que cette secte a travaillé à rendre comme une sorte de tocsin contre les ministres de la religion. Ne sent-il donc pas l'injustice d'attribuer à une classe d'hommes, les défauts, les vices mêmes de quelques-uns de ses membres ? N'a-t-il pas été frappé de la manière dont s'est conduite la majeure partie de cette classe, dans des circonstances où les intérêts mondains, qu'il leur attribue toujours, auroit dû les inspirer très-différemment ? Ne comprend-il pas, que s'il est nécessaire de ramener les hommes à la *science*, qui *apprend à faire un bon usage de toutes les autres*, il doit y avoir des hommes destinés à l'enseigner, et que cette classe doit même avoir été instituée par celui dont procède ainsi une *science divine* ? Je n'ai point douté

douté qu'il ne le *sente*, mais ce n'est encore que par moments; et le plus souvent son *idole* le domine au point qu'il semble que, pour qu'il n'y eût plus de *prêtres*, il consentiroit presque qu'on ne reconnût plus de *Dieu*. C'est alors qu'il tâche de s'en passer dans l'explication des phénomènes de l'Univers, et pour cet effet il y place des *causes éternelles*; mais quelles *causes*? C'est à lui-même que je vais en appeler, car en parlant de lui je ne désignerai que son *idole*; je la lui dénoncerai, en suivant d'aussi près qu'il me sera possible les traces de BACON; et pour ne point distraire son attention du sujet, je me bornerai à lui faire remarquer, comment son illusion lui a fait traiter la *physique*; passant ainsi sur beaucoup d'autres notes que j'avois faites en le lisant.

TITRE II. *Des causes les plus générales dans l'Univers.*

Il s'agira ici des *mouvements* des *grands corps* répandus dans l'*espace*. S'il est un phénomène dans lequel des *fins*, et par conséquent (à moins qu'on ne pervertisse le sens de ce mot) l'existence d'un *être intelligent* créateur de l'Univers, puissent être directement cherchées, c'est celui-là ; mais il faut avoir rassemblé bien des lumières avant que de pouvoir s'élever à cette hauteur dans les *causes physiques*. Or pour qu'on puisse juger d'abord avec quel degré de connoissances M. LA SALLE a abordé ce sujet, je vais citer une note du *t.* IV, *p.* 234, où, dans le texte, BACON parle de ce qu'on nommoit de son temps *magie naturelle*.

« Il paroît (dit-il) que le jésuite SCHOTT,
« et quelques autres physiciens des derniers
« siècles, qui ont mis ce nom en tête de cer-
« tains traités assez curieux, entendoient par
« *magie naturelle*, cette partie de la physique
« qui est toute composée d'effets très-éton-
« nants, soit par leur rareté, soit par la ma-

« nière dont on les présente, soit enfin par « l'ignorance où nous sommes de leurs causes. « Tels sont encore les phénomènes de l'*élec-* « *tricité*, qui paroissent *tout naturels* à ces « physiciens dont la *cupidité* les reproduit « tous les jours, et qui voient une *cause pé-* « *cuniaire* très-sensible, au lieu d'un effet « difficile à expliquer; mais qui paroissent « *toujours* une sorte de *magie* à ces autres « physiciens plus *désintéressés*, et assez « judicieux pour *concevoir* nettement *qu'on* « *n'y conçoit rien* ».

Quel contraste de cette opinion, avec ce qu'il va entreprendre ! Un des principaux phénomènes *électriques*, consiste dans les *mouvements* de *petites balles*, qu'on a devant les yeux et sous sa main; on peut produire ces mouvements, les détruire, les faire changer par des procédés connus; cependant M. LA SALLE pense, qu'on n'y conçoit rien : il se trompe, comme j'espère de le montrer dans un traité que je publierai bientôt sur cet intéressant sujet; mais dans son opinion, n'étoit-ce pas un motif de ne point entreprendre l'explication des *mouvements* des *grands globes* disséminés dans l'espace ? Point du tout; c'est ainsi au contraire que son imagination se trouve délivrée de la gène des règles, puisées dans l'étude des objets connus; et comme on ne peut se transporter sur les lieux, il a pensé qu'il n'y auroit point de moyen d'y étendre les résultats de l'expérience. Mais il se trompe encore ici, et je vais lui montrer, que le physicien peut porter la lumière des faits sur la route qu'il a suivie, et l'arrêter, quand il oublie un précepte de BACON, qu'il a traduit lui-même au *t.* IV, *p.* 344, et auquel, tandis qu'il exerçoit son propre jugement, il a ajouté une excellente note. Je citerai ces deux passages, comme introduction à ce que j'exposerai de sa marche, afin qu'il puisse la comparer à ses propres principes.

BACON dit ici dans le texte. « Ce qu'il faut, « pour ainsi dire, attacher à l'entendement, « ce ne sont pas des *ailes*; mais au contraire « du plomb, un *poids* en un mot, qui le « contienne et qui l'empêche de s'élancer ainsi « de *prime-saut* aux *principes les plus élevés*. Mais c'est une précaution qu'on a *négligée*; et quand on l'aura *prise*, alors enfin « on pourra se promettre des *sciences* quel- « que chose de *grand* et de *solide* ».

M. LA SALLE sentit la nécessité de cette leçon en la traduisant, et il y mit en note. « Si,

« des faits particuliers, *je m'élève tout d'un* « *coup* à un *principe généralissime*, il est « probable que l'énoncé de ce dernier sera « trop général; ou s'il ne l'est pas trop » (s'il est même faux) « je n'aurai aucun moyen de « m'en assurer; et les principes moyens que « j'en voudrai déduire, ne seront que des « conséquences *hasardées*. Au lieu que si je « ne m'élève des faits particuliers au prin- « cipe le plus élevé, qu'après avoir passé « *successivement* et *graduellement* par *tous* « les principes moyens, *bien vérifiés*, dès- « lors le principe généralissime n'étant que le » résumé, le sommaire des principes infé- « rieurs et moyens, et ceux-ci, par cela « même, se limitant successivement, je suis « assuré qu'il n'a que l'étendue nécessaire, « et je puis sans risque en déduire comme « *conséquences*, d'autres principes moyens « qui n'avoient pas été considérés dans la for- « mation du principe généralissime, mais qui « étoient compris dans l'étendue limitée par « les principes moyens qui ont servi à le for- « mer ». C'est-là un des plus importants pré- ceptes dans l'étude de la nature; les déve- loppements qu'y ajoutent M. LA SALLE, prouvent qu'il l'avoit très-bien saisi : qu'il se

N 3

juge donc maintenant lui-même d'après cette règle.

La *théorie* qui a rendu NEWTON si célèbre, conduit encore à quelque *cause* étrangère à l'*Univers*, parce qu'elle renferme, comme partie indispensable, l'existence d'un *mouvement projectile* une fois *imprimé* aux *planètes*. On ne parle pas ordinairement de cette condition, et ce qu'on désigne comme la découverte de ce grand homme, est simplement une *tendance* universelle des particules de la matière à se rapprocher les unes des autres suivant certaines *lois*; tendance qu'on nomme *attraction*, en s'arrêtant à ce *mot* comme à une *cause*, quoiqu'il soit vide de sens, autrement que comme désignation d'un *phénomène*. M. LA SALLE a bien senti que le *mouvement projectile* étoit contraire à son idée de *causes éternelles*, et il l'a attaqué comme *inutile* et *gratuit*, dans une note que je rapporterai. Mais il a suivi de plus l'exemple de la secte, qui a essayé de diminuer la gloire de NEWTON, pour la transporter à BACON, à qui elle l'enlève ensuite. Je vais rapporter d'abord cette tentative de M. LA SALLE, parce qu'elle me conduira à l'analise de la théorie de NEWTON, qui est nécessaire ici.

BACON considéroit très-attentivement les phénomènes de la *cohésion* dans les corps, comme tenants à quelque grande *cause*, mais *très-reculée* de l'observation immédiate. Il classoit ces phénomènes suivant sa méthode, et il faisoit voir, que jusqu'alors on n'en avoit donné que des notions nominales, sans définition réelle. C'est ce qui fait entr'autres le sujet d'un passage au *t*. V, *p*. 243 de la traduction, dans lequel il tâtonne sans avoir encore, mais aussi sans prétendre avoir aucun principe fixe.

« Tous ces exemples (dit-il) prouvent « assez, que les idées qu'on attache communément à ces mots *consistance* et *liquidité*, « sont des notions purement populaires; que « ces deux dénominations n'expriment que de « simples relations à nos sens, et qu'il existe « réellement dans tous les corps une tendance « à éviter la solution de continuité : que dans « les corps homogènes, tels que les *liquides*, « cette tendance est foible et languissante; « mais que, dans les corps composés de par- « ticules *hétérogènes*, elle est plus active et « plus forte ».

Ici M. LA SALLE met en note : « Qui- « conque aura lu avec quelque attention ce

« passage, ainsi que beaucoup d'autres, sera « tenté de regarder comme une fable, *l'histoire* de cette *pomme*, dont la *chute*, nous « dit-on, donna au grand NEWTON la pre- « mière idée de son système sur *l'attraction* « *universelle*; car ceci est *un peu plus ins-* « *tructif* qu'une *pomme qui tombe*; et il est « plus aisé de *mentir*, que d'avoir le *premier* « de si grandes vues. Mais on sait que la « *forme*, la *nature naturante* des génies du « premier ordre, tels que NEWTON, « DESCARTES, LEIBNITZ, ARISTOTE, est la « judicieuse précaution de ne *citer* personne; « et c'est à quoi ils doivent la plus grande « partie de leur *apparente* originalité ». Il y a ici plus qu'une remarque erronée, il y a de l'amertume, une haine de *mouvement projectile*, qui a conduit M. LA SALLE dans l'erreur.

D'abord, il n'y a aucun rapport entre les phénomènes dont parle BACON dans ce passage, et la *gravité universelle*; car c'est au contraire malgré la *gravité*, ou plus directement contre ce que BACON et tous les physiciens jusqu'à lui nommoient *pesanteur* ou *tendance* vers la *terre* seulement, que s'exercent les *tendances* qu'il désigne ici. C'est contre la *pesanteur*, qu'agit la *consistance* des *solides*, en les empêchant de changer de forme, pour se *mettre de niveau* comme les *liquides*. C'est contre la *pesanteur*, qu'il reste toujours une *goutte* suspendue aux corps qu'on retire de l'eau, quand elle peut les *mouiller*, et qu'une *goutte d'eau*, ou d'autre *liquide*, prend la forme *sphérique* quand elle tombe sur les corps qu'elle ne *mouille* pas; et M. LA SALLE montre qu'il a bien peu étudié ces phénomènes comparatifs, lorsqu'il dit dans une note mise à sa préface, *tome* IV, *p.* LVI, « que *la même force* qui *arrondit* un « soleil, une planète, *arrondit* aussi une « goutte d'eau ».

Quant à ce qu'il dit, que ces considérations de BACON, de quelque manière qu'on les envisage, étoient *plus instructives* pour conduire à la *gravité universelle* que la *chute d'une pomme*, ce ne seroit pas seulement changer cette *histoire* en *fable*, ce seroit la rendre ridicule; comme si NEWTON eût attendu de voir *tomber* une *pomme*, pour apprendre que les corps *tomboient* vers la terre. Mais M. LA SALLE vouloit écarter de cette théorie le *mouvement projectile*, et c'est ce qui lui a fait omettre une circonstance importante de l'histoire. Quand cette *pomme* tomba, il faisoit du *vent*; ce qui lui fit parcourir une ligne oblique en s'approchant de la terre. Je reviendrai à cette considération, après avoir cité un autre passage où M. LA SALLE rabaisse en même temps et BACON et NEWTON, avec peu de justice pour l'un et l'autre.

BACON s'occupoit aussi sans doute de la *pesanteur*, ou de la *chute des corps vers la terre*, mais seulement comme d'un phénomène de notre globe, dont il importoit beaucoup de découvrir la *cause*; de sorte qu'il le prenoit souvent pour exemple, en proposant ses méthodes de recherche par l'observation ou l'expérience. Dans l'Aphorisme XXXVI du Livre II du *Novum organum*, dont la traduction commence à la *p.* 329 du *t.* V, il s'agit de l'*experimentum crucis*; et BACON en donne entr'autres pour exemple, une expérience de ce genre que lui inspiroit l'ensemble des phénomènes de la *pesanteur*; voici le passage que j'ai en vue, *p.* 347. « Soit la *nature* en question la *pesanteur* ou *gravité*. « Il se présente d'abord deux suppositions à « faire sur cette *nature*; car on est forcé de « supposer de ces deux choses l'une : ou que

« les corps *graves* et *pesants* tendent natu-
« rellement vers le centre de la terre, en
« vertu de leur texture ou constitution; ou
« qu'ils sont attirés, entraînés, par la masse
« corporelle du globe terrestre, qui est
« comme l'assemblée, le rendez-vous de leurs
« analogues ou congénères, et qu'ils se portent
« vers elle en vertu de cette analogie ou affi-
« nité. Que si la dernière cause est la véri-
« table, il s'ensuit que la force et la vitesse
« avec laquelle les graves se portent vers la
« terre, est *en raison inverse* de leur *dis-*
« *tance* à cette planète, ou ce qui est la même
« chose, en *raison directe* de leur *proximité*;
« ce qui est précisément la loi de l'attraction
« magnétique ».

Voici une note de M. LA SALLE à ce passage, *p.* 349. « Notre auteur *côtoie* ici le sys-
« tème de NEWTON, en profitant des vues du
« médecin GUILBERT qui lui sert de guide;
« *il ne falloit plus qu'un peu de mathéma-*
« *tiques* pour déterminer cette *loi* avec plus
« de précision, et pour la compléter, en y
« ajoutant la considération des *masses*; car
« la véritable *loi* démontrée par NEWTON est
« celle-ci : les forces avec lesquelles agissent
« l'un sur l'autre deux corps qui s'attirent ré-

« ciproquement, sont en raison composée de « la directe des masses et de l'inverse des « quarrés des distances. C'est l'*observation*, « combinée avec le raisonnement et le calcul, « qui a conduit à ce beau résultat; mais notre « auteur, qui en *philosophant* sur ce sujet, « *déroge à ses propres règles*, et donne *tout* « à la *méditation*; n'avoit guère *observé* que « le *ciel de son lit* ».

Le sarcasme par lequel finit ce passage, qui je crois est d'assez mauvais goût, est de plus dépourvu de tout motif; et en même temps il écarte une circonstance qui, étant rétablie, servira à réfuter tout le passage, de l'aveu même de M. LA SALLE dans une autre note. Par cette première, il a coupé la suite du raisonnement de BACON, parce qu'il pensoit avoir dans cette partie, une preuve que NEWTON étoit plagiaire; et l'ayant ainsi isolée, il y a cru aussi, que BACON *dérogeoit à ses règles*, n'y offrant qu'une *méditation*: mais à quoi cette *méditation* conduisoit-elle? A une *expérience* qu'il indique immédiatement après. «Nous avons donc sur ce sujet « (continue-t-il) cet *exemple de la croix*. « Prenez deux horloges; dont l'une ait pour « moteur un *poids de plomb*, par exemple,

« et l'autre un *ressort*. Ayez soin de les « éprouver et de les régler de manière que « l'une n'aille pas plus vite que l'autre. Pla- « cez ensuite l'horloge *à poids* sur le faîte de « quelque édifice fort élevé, et laissez l'autre « en bas. Puis observez exactement si l'hor- « loge placée en haut ne marche pas plus len- « tement qu'à son ordinaire ; ce qui annon- « ceroit que la force du *poids* est diminuée. « Tentez la même expérience dans les mines « les plus profondes, afin de savoir si une « horloge de cette espèce n'y marche pas plus « vite qu'à l'ordinaire, par l'augmentation de « la force du *poids* qui lui sert de moteur. « Cela posé, si l'on trouve que cette force di- « minue sur les lieux élevés, et augmente « dans les souterrains, il faudra regarder « comme la véritable *cause* de la *pesanteur*, « l'attraction exercée par la masse corporelle » de la terre ».

Voilà à quoi conduisoit la *méditation* de BACON, à une *expérience*. Mais *côtoyoit*-il le système de NEWTON ? Ecoutons M. LA SALLE lui-même, dans une note à cette seconde partie du même passage, *p.* 351. « Cette con- « séquence est fausse ; car, si un corps placé « à la surface de la terre, est attiré par toute

« la masse du globe, plus on l'approchera du « centre, plus la partie de la terre qui sera « au-dessus de ce corps, et qui l'attirera « aussi, mais en sens contraire, balancera « l'attraction de la partie qui sera au-dessous, « affoiblira la tendance de ce corps vers le « centre, et par conséquent diminuera son « *poids*. Donc, si le *poids* de ce corps aug- « mente à mesure qu'on l'approche du centre, « il n'est pas vrai que l'attraction de la masse « corporelle du globe soit la *cause unique* de « ce poids ». Cette remarque est très-juste, d'après le *système* de *NEWTON*; mais elle sert en même temps à prouver, que non seulement BACON ne le *côtoyoit* pas, mais qu'il n'en avoit pas la moindre idée. Or ce qu'il reste maintenant à savoir, c'est si M. LA SALLE lui-même entend bien ce système : je ne dis pas s'il le *connoît*, car il en a énoncé une partie, les *lois* fixes de la *gravité*, et il attaque l'autre partie, les *mouvements projectiles* des planètes; mais il n'a point examiné si cette partie n'étoit pas *essentiellement* liée à l'autre, et l'on verra qu'elle l'est, tant par la chose même, que d'après ce que M. LA SALLE veut y substituer.

Je commencerai sur cet objet par une note

du *tome* IV, *p*. 276, dont voici le sujet dans le texte « S'il est (dit ici BACON) un genre « d'exécution qui exige de la précision, de « l'exactitude, de l'adresse, c'est certaine- « ment la construction des horloges, qui, « par leurs *rouages*, semblent imiter les *mou-* « *vements célestes ;* et par leur mouvement « *alternatif* et régulier, le *pouls* des ani- « maux ». Il faut se rappeler que BACON n'avoit encore aucune idée fixe sur les *mouve-ments célestes*, n'étant pas même décidé entre les systèmes de COPERNIC et de PTOLOMÉE, et penchant pour le dernier.

Sur ce passage, M. LA SALLE met en note. « Cette similitude de mouvements n'est pas « fort étonnante; elle est nécessaire, puis- « qu'il ne peut y avoir que deux espèces de « mouvements *continus ;* savoir : le mouve- « ment de *circulation*, le mouvement *alter-* « *natif* et leurs combinaisons. Encore le « mouvement *circulaire* peut-il être ramené « au mouvement *alternatif ;* et être considéré « comme une combinaison de deux mouve- « ments de cette dernière espèce ayant lieu « dans deux plans qui se croisent à angles « droits ». M. LA SALLE ne peut parler ici que de mouvements *réprimés* par quelque cause étrangère ; car quant à l'objet général, on sait qu'un corps mis en *mouvement* tend toujours à se mouvoir en *ligne droite*. Il continue. « Car si, lorsqu'un pendule fait ses « vibrations, on donne à la balle ou lentille « un petit coup selon une direction perpen- « diculaire au plan dans lequel il se meut, « et tendant à lui faire faire d'autres vibra- « tions dans un plan perpendiculaire aussi « au premier, vous verrez cette balle décrire « une ligne circulaire ou elliptique. Ainsi, « puisqu'il y a, dans le corps humain, dans « les horloges et dans les *cieux*, des mou- « vements *continus*, ces mouvements doi- « vent nécessairement se ressembler ». Je ne trouve ici d'autre sens qui puisse avoir quelque rapport à l'objet dont il s'agit, que celui-ci. Il doit exister dans les *cieux* des *mouvements* tendants à se faire *en ligne droite*, mais qui, *réprimés* par quelque cause, se font dans des ellipses. Or voyons quelle sera l'application de cette idée.

« C'étoit cette même raison (continue M. « LA SALLE) qui m'avoit fait avancer dans « la *balance Universelle*, que le mouvement « *projectile* ou *tangentiel* des planètes, *gra-* « *tuitement* supposé par NEWTON, pouvoit

« avoir

« avoir pour cause l'*attraction latérale* d'un « ou de plusieurs autres *soleils* ; et ce qui me « portoit à le penser, étoit que le pôle de « notre planète n'est pas tourné vers l'*astre* « *central* qui l'*attire*, comme le seroit celui « d'un aimant vers un morceau de fer, ou « un autre aimant qui l'attireroit ; mais vers « la région du ciel où est le plus grand nom- « bre d'étoiles de la seconde grandeur ; savoir : « vers la région septentrionale où se trouvent, « au centre, l'étoile du nord ; d'un côté, « les sept du grand chariot ; et de l'autre, « les cinq de cassiopée. Si cette cause, ou toute « autre semblable, ne *ranimoit* continuelle- « ment le *mouvement* que doivent perdre les « planètes, par la résistance du *fluide* où « elles *nagent* et qu'elles *refoulent* sans cesse, « ce *mouvement* se ralentiroit de plus en plus, « elles s'approcheroient sensiblement du so- « leil, dans un espace de temps aussi long « que celui qui s'est écoulé depuis les pre- « miers astronomes connus jusqu'à nous ; et « la période de six cents ans, découverte par « ce peuple, plus ancien que les Egyptiens, « les Indiens et les Chinois, qui a disparu « depuis plus de quatre mille ans, et dont « M. BAILLY a si bien démontré l'existence ;

« cette période, dis-je, ne seroit pas aussi « exactement conforme qu'elle l'est à nos « propres calculs et à nos propres obser- « vations ».

Telle est la première hypothèse que forma M. LA SALLE pour se délivrer du *mouvement projectile* des planètes ; et en y introduisant la considération des *pôles*, ou de la direction de l'*axe* de la terre vers un certain point du ciel, il avoit sans doute en vue d'expliquer le *mouvement de rotation*, qui doit l'être aussi nécessairement que celui des planètes dans leurs orbites, quand on veut se passer d'une *cause* distincte de l'*Univers* : mais il dut s'apercevoir ensuite que son hypothèse ne pouvoit atteindre ce *mouvement*, et il n'en est plus question dans celle à laquelle il se fixe ; mais il y retient la *gravité*, et il s'agit de savoir sur quel fondement.

Revenons pour cet effet à l'*histoire* de la *pomme*, que M. LA SALLE considère comme une *fable* imaginée par NEWTON, pour n'avoir pas l'apparence de copier BACON. Cette pomme, détachée de l'arbre et *tombant* vers la terre, ne s'y dirigea pas *verticalement*, parce qu'elle recevoit une impression de mouvement *horizontal*, ce qui lui fit suivre une ligne *oblique* dans sa chute. Plus ce *mouvement* auroit été rapide, plus la ligne auroit eu d'*obliquité* ; et NEWTON put passer delà à l'idée, que si un tel mouvement devenoit assez rapide pour que, vu la *courbure* de la terre, il en *éloignât* autant un corps, que la *pesanteur* tendoit à l'en *rapprocher* dans les mêmes temps, ce corps n'atteindroit jamais la surface de la terre, et qu'il *circuleroit* autour d'elle, par la seule *impression* de ce *mouvement*, avec un degré de *vitesse* facile à déterminer. Alors la *lune* put se présenter à l'esprit de NEWTON, comme étant un tel corps, puis les *planètes* à l'égard du soleil ; de sorte qu'avant que de sortir du verger, toute cette succession d'idées s'étant rapidement présentée à son esprit, il pût rentrer dans son cabinet avec une hypothèse astronomique, née de la chute de cette *pomme*. Quelqu'un à qui cette idée seroit venue (et elle pouvoit certainement venir à d'autres) mais qui n'auroit pas été un NEWTON, s'en seroit tenu là, et n'auroit jamais rien *démontré*.

Il y a plus, NEWTON lui-même n'auroit pu arriver à sa théorie, sans les travaux de KEPLER. Mais ce grand astronome avoit déterminé les *lois générales* des *mouvements* des *planètes* dans leurs orbites ; et ces *lois*, sensiblement conformes à tous les *phénomènes* qu'elles devoient embrasser, les avoient réduits, suivant l'expression ci-dessus de BACON, à *une poignée :* elles renfermoient, sous trois propositions mathématiques, le résultat de toutes les observations astronomiques faites jusqu'alors.

Telle fut la boussole de NEWTON, pour le diriger dans la recherche qu'il avoit à faire. Il n'avoit encore, outre les *faits*, qu'une simple donnée *dynamique*, savoir les *lois* des *projectiles*; mais cela fut suffisant pour un génie tel que le sien : il eut, dis-je, ainsi trois données fixes : les *lois de* KEPLER, les *éléments* déterminés de toutes les *planètes*, et les *lois des projectiles*. C'est delà qu'il pouvoit déduire les *lois de la gravité*, si, en supposant les *lois* des *projectiles*, l'ensemble des phénomènes des *planètes* manifestoit, par quelque *loi régulière*, qu'elles *tombent* vers le *soleil*, et leurs *satellites* vers elles, comme les corps terrestres *tombent* vers notre globe. On peut ici s'effrayer, à la vue d'une telle entreprise; NEWTON dut forcer les *mathématiques* à lui fournir le secours dont il avoit besoin ; et son succès est certainement l'objet le plus grand que présente l'histoire des sciences. M. LA SALLE veut substituer au *mouvement projectile*, *l'attraction latérale* des étoiles ; je viendrai à ce point, mais auparavant je dois examiner ce qu'il oppose à ce *mouvement*.

Il est certain que pour qu'un certain degré de *mouvement*, une fois *imprimé* à un corps, se conserve sensiblement le même, il ne faut pas que ce corps éprouve une *résistance* sensible dans son trajet : or M. LA SALLE objecte, « le *mouvement* que les planètes « doivent *perdre* par la *résistance* du *fluide* « où elles *nagent* et qu'elles *refoulent* sans « cesse ». Mais comment prouve-t-il que les planètes *nagent* dans un *fluide* ? Il ne pense pas seulement à le prouver, il le suppose : cependant, rien qui nous soit directement connu, ne place d'autre *fluide* dans l'espace, que la *lumière* des astres qui le traverse en tout sens, et ce n'est pas à elle sans doute que M. LA SALLE assigne une telle *résistance* : il ne peut donc être question que des *fluides* que certains phénomènes conduiroient à y supposer, et dont l'existence fût démontrée nécessaire à leur explication. NEWTON, par exemple, y plaçoit son *éther*; mais il étoit assez bon physico-mathématicien, pour déterminer la nature de ce fluide de manière qu'il ne résistât pas sensiblement au mouvement des planètes. M. LE SAGE le fait traverser par ses *corpuscules gravifiques*; mais il montre que le *mouvement* des planètes ne peut en être sensiblement ralenti. Hors ces cas, je ne connois point de motif de supposer l'espace occupé par aucun *fluide*; car ceux qui composent les *atmosphères* des grands corps, leur demeurent par la *gravité*, et les suivent dans leurs mouvements. Ainsi, l'objection de M. LA SALLE est absolument gratuite.

Dans un des passages ci-dessus, il parle de sa *balance universelle*, et au tome VI il en donne un long développement; sur quoi il suffira de dire, qu'il croit pouvoir démontrer : qu'il existe dans la nature deux *forces opposées*, auxquelles il donna les noms d'*attractive* et de *répulsive*, sans expliquer néanmoins ce qu'il entend ici par *force*, qui pourtant est un mot vide de sens, jusqu'à ce qu'on ait expliqué, comment elle réside dans les corps, et de quelle manière elle s'exerce; aussi l'on verra, par son application même, que cette hypothèse est chimérique : il me suffira pour cela de rapporter une note placée dans le cours de son exposition, à la page 227. « Lorsque, dans une des notes « précédentes, nous disions que le *mouve-* « *ment projectile* de NEWTON combiné avec « la *force centripète*, pour faire tourner les « planètes autour du soleil, pouvoit avoir « pour cause l'*attraction latérale* de quel- « ques constellations composées d'un grand « nombre d'étoiles fort grosses et moins « éloignées de nous que les autres, nous « raisonnions d'après l'*hypothèse newto-* « *nienne*, mais ici nous exposons notre « propre sentiment ». Il ne raisonne donc plus d'après l'*hypothèse neuwtonienne*, at alors sa *balance* n'a plus d'office : il vouloit assigner un *contre-poids* à la *gravité universelle*, et l'on ne sait plus si elle existe puisqu'elle n'est aujourd'hui généralement admise que par son parfait accord avec les phénomènes, en supposant le *mouvement projectile* et ses *lois* fixes : Or dès que ce *mouvement* est nié, il n'y a plus d'explication du *mouvement* des planètes ; et ainsi plus de *gravité universelle*, jusqu'à ce qu'on puisse substituer au *mouvement projectile*, quelque

O 4

autre cause connue, produisant des *mouvements* dont les *lois*, connues aussi, et se prêtant à un calcul exact pour chaque position donnée des planètes, puissent conjointement à celles de la *gravité*, représenter précisément les *lois de* KEPLER. Or M. LA SALLE, qui paroît avoir fort peu réfléchi sur la physique, ne songe pas même à tenter cette application de ses forces *attractive* et *répulsive*.

On ne doit donc pas être étonné de le voir changer de plan dans le cours même de l'exposition de sa *balance*, et voici ce qu'on trouve à la page 222. « Il ne seroit pas difficile de faire voir, que le mouvement de « *circulation* des *planètes* autour du *soleil* « peut résulter de la *combinaison* de deux « *mouvements alternatifs*, dans deux plans « tout-à-fait ou presque perpendiculaires l'un « à l'autre. Car si, ayant *mis* en *vibration* « une pendule, on *donne* à la balle un petit « choc latéral, tendant à lui faire faire d'au- « tres *vibrations* dans un plan perpendicu- « laire ou oblique au premier, elle décrira « ou un *cercle*, ou une espèce d'*ellipse* plus « ou moins allongée. Mais, pour faire voir « quels sont, dans les *planètes*, ces *deux*

« *mouvements* de *vibration*, et quelles sont « leurs *causes*, il faudroit se jeter dans un « raisonnement fort composé; il faudroit de « plus attaquer, non le *fond* du système de « NEWTON, qui est inébranlable, mais telle « de ses *parties*, par exemple, la supposi- « tion du *mouvement projectile*, et parcon- « séquent entrer dans des discussions qui « excéderoient certainement les limites d'une « note ou d'un commentaire, et peut-être « aussi celles de notre esprit ». Voilà qui est de bonne foi; mais ce qui n'excède pas les limites de son esprit, et qui au contraire lui est très-familier lorsque rien ne le détourne de ce que je crois être sa disposition naturelle, c'est de reconnoître les vices d'un raisonnement, s'il en renferme, c'est pourquoi je vais raisonner en sa présence.

Il dit, que pour entrer en discussion sur son hypothèse, « il faudroit attaquer, non « le *fond* du système de NEWTON, qui est « inébranlable, mais... la supposition du « *mouvement projectile* ». Il y a ici deux grands défauts de position. Le premier est, de dire; *qu'il faudroit attaquer* le *mouvement projectile;* tandis que c'est ce *mouvement qu'il attaque;* qu'il a *besoin* même *d'attaquer*, pour soutenir son système de *causes éternelles*, et qu'en conséquence, cette attaque est l'objet de toutes les hypothèses que j'examine. Le second est de prétendre que le *fond* du système de NEWTON est *inébranlable*, pour en retenir la *gravité universelle* et la faire une propriété *inhérente* à la *matière*; tandis que ce *phénomène*, comme je l'ai fait voir, n'est conclu que par l'admission du *mouvement projectile*, qui est vraiment le *fond* du système, puisque si on le supprime, la preuve de la *gravité universelle* s'évanouit. Et quand lui-même avoit déjà dit : « qu'il ne seroit pas difficile de faire voir, « que le *mouvement de circulation* des pla-« nètes autour du soleil, peut résulter de « la *combinaison* de deux *mouvements alter-« natifs* » ; et qu'il en donnoit pour exemple son *pendule*, il avoit déjà fait disparoître la *gravité*. Mais en ayant recours à cet exemple, voyoit-il bien à quoi il s'engageoit ? Il falloit indiquer une cause qui remplaçât, à l'égard des *planètes*, le *point de suspension* de la *balle*; et *deux chocs*, qui eussent produits leurs *vibrations*. Voilà sans doute ce qui l'a arrêté dans le cours de son raisonnement ; il a bien vu, qu'il ne feroit que substituer,

au *mouvement projectile*, d'autres *impressions de mouvements* qui ne devroient pas moins provenir d'une *cause* distincte de l'*Univers*. Ainsi, après avoir dit, qu'il ne *seroit pas difficile* d'expliquer le *mouvement de circulation* des planètes; puis, que cela *excéderoit* peut-être les *limites de son esprit*; il ajoute : « Il est plus difficile de rai-
« sonner beaucoup sur un tel sujet, sans se
« tromper, que de se taire et l'ignorance
« vaut mieux que l'erreur. Ainsi (ajoute-t-
« il) nous nous bornerons pour le moment
« à un *raisonnement extrèmement simple*,
« et qui tend *plus directement* à *notre but* ».

Ce que j'ai à faire voir ici, et que je ne pense pas que M. LA SALLE entreprenne de contredire, c'est qu'il change totalement de *but*, et que celui auquel il tend, qu'il n'atteindra pas mieux que l'autre, n'a plus de rapport à son système. Il veut établir des *causes éternelles* dans l'Univers; pour cet effet il falloit expliquer les grands *mouvements* qu'on y observe, celui des *planètes* dans leurs *orbites*, et leurs *mouvements* de *rotation* sans l'intervention de quelque cause distincte de l'Univers : or voilà à quoi il renonce; car maintenant il va passer à l'*im-*

mobilité supposée des *étoiles*. « Depuis deux « ou trois mille ans (dit-il) que les Asiati- « ques ou les Européens font des catalogues « célestes, les *étoiles* se *maintiennent* toutes, « ou presque toutes dans des *situations* et à « des *distances* respectives à peu près *les* « *mêmes*. Or je dis, que, si tous ces soleils « semés dans l'espace *s'attiroient* réciproque- « ment, ils ne resteroient pas long-temps « dans les mêmes situations et les mêmes « distances respectives ; car un certain nom- « bre de corps ne peuvent rester long-temps « dans les mêmes situations etc. que dans « trois cas ». J'abrégerai les deux premiers cas, que l'on comprend très-bien :

1. Lorsque ces corps n'exercent aucune action les uns sur les autres. 2. Lorsque les forces qu'ils exercent sont en équilibre en-tr'elles ; mais voici le 3me : « Lorsque les « forces avec lesquelles ces corps agissent les « uns sur les autres, sont de telle nature que, « dans le cas même où ces actions cesseroient « d'être égales, et où l'équilibre résultant « de leur égalité seroit rompu par quelque « cause intérieure ou extérieure, ces forces « mêmes tendroient à rétablir l'équilibre « qui en seroit l'effet ». C'est ici le cas où il

se fixe. Mais puisqu'il ne s'agit que de l'*immobilité* (apparente) des *étoiles*, pourquoi ne demeure-t-il pas au premier cas, c'est-à-dire, à la supposition qu'elles n'ont aucune tendance à se *rapprocher* les unes des autres ? Car cette tendance ne peut provenir que de la *gravité universelle*; celle-ci n'a été conclue de la *circulation* des planètes autour du soleil, que par la supposition du *mouvement de projectile*, et M. LA SALLE le retranche. Par conséquent, il n'existe plus pour lui de *gravité universelle*, et il n'a pas besoin ainsi de la *compenser* par une *force répulsive* ; cette hypothèse est donc sans objet. Quant à ceux qui admettent la *gravité universelle* d'après la théorie de NEWTON, il ne leur est pas difficile d'expliquer le phénomène qui embarrasse M. LA SALLE ; car, transportant la théorie entière aux *étoiles*, ils conçoivent très-bien, que l'être qui a pu imprimer aux *planètes* le *mouvement projectile* qui les empêche d'arriver au soleil en *tombant* sans cesse vers lui, a pu, et bien su comment, imprimer à chaque *étoile* le *mouvement projectile* nécessaire pour que, par la *gravité*, elles circulassent toutes autour d'un *centre de gravité* commun : mouvement que nous n'apercevons pas, ou n'avons pas encore discerné, parce que notre système solaire y participe.

Ne pouvant point donner de preuve de la *gravité universelle*, sous le nom de *force attractive*, dès qu'il abandonne de fait la théorie de NEWTON, M. LA SALLE veut au moins en donner une de la *force répulsive*, qui supposeroit la première, vu la permanence des *constellations*; et voici la preuve qu'il en donne, page 229. « Il y a donc des *forces* « *répulsives* aussi générales que les *forces* « *attractives*, comme nous l'avons supposé; « supposition qui, *étant d'accord* avec la « *dilatation* opérée chaque jour par notre « *soleil* à la surface de notre *globe*, peut « être *admise*, en *attendant quelque chose* « *de plus certain* ».

Quelle astronomie! — Dit M. LA SALLE dans une note (tome VI, page 9), après avoir traduit une idée de BACON relative à la position de quelques *étoiles*. Cette exclamation bien déplacée vis-à-vis d'un homme qui répète plusieurs fois que l'*astronomie physique* n'a pas encore commencé, et qui presse les savants de s'en occuper enfin; s'adresseroit au contraire avec justice à celui qui, malgré les connoissances acquises dès-lors, avance; que la *force répulsive* supposée dans la nature, est prouvée par la *dilatation* que produisent les *rayons du soleil* dans les corps de la surface de la terre.

Mais premièrement, quand un corps *chaud*, communiquant du *feu* à ceux qui l'environnent, y produit une *dilatation*, voit-on ceux-ci s'en *écarter?* Cependant ce seroit-là une condition indispensable pour conclure, de ce que les *rayons du soleil* produisent une *dilatation* dans les corps sur lesquels ils tombent, que cet astre exerce une *force répulsive*. D'ailleurs, M. LA SALLE ignore-t-il, que si les *rayons du soleil* tombent sur un thermomètre à mercure dont la boule soit isolée et bien nette, le mercure ne se *dilate* point sensiblement; mais que si la boule est *noircie*, il se *dilate* beaucoup? Ce qui prouve, surabondamment, que les *rayons du soleil* ne sont pas même *cause immédiate* de la *dilatation*, ou *chaleur* qu'ils produisent dans les corps.

M. LA SALLE tente d'une autre manière d'établir les forces *attractives* et *répulsives*, et ici encore il a fort peu réfléchi. C'est au tome IV, page 152, où, dans le texte, BACON compare à la philosophie d'ARISTOTE, des hypothèses qu'il trouve plus raisonnables, comme représentant du moins quelque chose de réel; et entr'autres celle de la *discorde* et *amitié*, développée par EMPÉDOCLE. Sur ceci M. LA SALLE met en note : « C'est encore, « et sous deux autres noms, l'hypothèse de « la *force attractive*, combinée avec la *force* « *répulsive*. Voyez la *Balance Universelle*, « ouvrage où il est *dit*, et *peut-être prouvé*, « qu'il est impossible d'expliquer, par la « seule combinaison de la *force attractive* et « de la *force projectile*, la variété des phé- « nomènes, et surtout la *succession per-* « *pétuelle* et *alternative* des *phénomènes* « *diamétralement opposés* : qu'il faut *ab-* « *solument* supposer *deux forces*, dont les « *directions* soient aussi *diamétralement* « opposées (savoir, l'une agissant de la cir- « conférence au centre; l'autre, du centre à « la circonférence), et qui *dominent* alter- « nativement; prédominence alternative qui « a pour cause ces deux *forces* mêmes, dont « chacune, lorsque l'effet de son action *croît* « jusqu'à un certain point, *diminuant*, par « cela seul, les conditions nécessaires à cette « action, se fait ainsi obstacle à elle-même,

« favorise

« favorise l'action de son opposée, et la rend « enfin supérieure ». Je m'arrête d'abord à cette idée, pour l'examiner en elle-même.

Où se trouve, dans toute la nature, un exemple de *forces* opposées, qui, d'elles-mêmes, par leur propre essence, s'*épuisent* en agissant, et se *renouvellent* pendant que la force opposée est en action ? Je n'en connois aucun. Ce qui en approche le plus, mais de *nom* seulement, et que M. LA SALLE avoit probablement en vue, ce sont les *vibrations*, et en particulier les *oscillations* du *pendule*, dont il a déjà parlé. Mais ici, les *causes* sont connues, et les *effets* très-intelligibles. La balle *soulevée*, en la tirant hors de la verticale, *tombe* dès qu'on l'abandonne ; son mouvement s'accélère jusqu'à la verticale, puis continuant, elle s'élève quelque temps du côté opposé, contre la *gravité*, qui éteint enfin son mouvement, et l'entraîne de nouveau vers la terre, d'où résulte un nouvel effet semblable ; mais pourquoi ? C'est encore à cause du *point fixe de suspension*, et d'une *cause étrangère* qui a d'abord tiré la balle de la ligne verticale. Quand M. LA SALLE aura établi l'analogie de ce cas (ou de tout autre de même genre) avec ses deux *forces opposées* , il y aura quelque objet d'examen ; mais ici il n'y en a point, c'est une chimère. Je reviens à l'application.

« C'est ce mécanisme (dit M. LA SALLE), « qui conserve l'ordre que nous voyons, et « qui empêche que toute la matière de l'Uni- « vers ne soit réduite à une poussière incohé- « rente, à un véritable chaos ; ce qui seroit « tôt ou tard l'effet de la *force répulsive*, si « elle agissoit seule, ou devenoit trop supé- « rieure : ou que toute cette matière ne formât « plus qu'un seul bloc immobile ; ce qui « seroit à la longue, l'effet de la *force at-* « *tractive*, si elle agissoit seule, ou deve- « noit trop prépondérante. Cette vérité a été « tellement sentie par NEWTON, que, sur « la fin de sa vie, il fut obligé de supposer « aussi des *forces répulsives*, entr'autres « dans les conjectures qui se trouvent à la « fin de son Optique ».

Il y a ici une transition abrupte, que M. LA SALLE n'aperçoit pas. Quand il parle de cette *succession perpétuelle* de phénomènes *diamétralement opposés*, il devroit en donner quelque exemple, pour qu'on le comprît, ou plutôt pour se comprendre lui-même; car il n'y en a aucun qui se rapporte à *la combinaison d'une force attractive et d'un mouvement projectile ;* combinaison à laquelle il semble opposer les phénomènes dont il parle : or celle-ci n'a pour objet dans l'Univers, que la circulation des *planètes* autour du *soleil* et de leurs satellites autour d'elles, ce que M. LA SALLE perd ici de vue; elle y est suffisante, et jamais NEWTON n'y a introduit aucune *force répulsive*. C'étoit pourtant à ce point que M. LA SALLE devoit arriver, puisque c'est le *mouvement projectile* qui l'offusque, comme opposé à ses *causes éternelles ;* mais ayant toujours l'apparence d'y tendre, il n'y arrive jamais. Il semble ici avoir besoin des *causes répulsives*, pour que la matière ne se réduise pas en un seul *bloc immobile*, tandis qu'en rejetant la théorie réelle de NEWTON, il est dispensé de ce soin; la *force attractive* n'ayant plus de preuve, et ne pouvant reparoître qu'avec sa compensation réelle, le *mouvement projectile*. Quant aux phénomènes particuliers, introduits dans cet argument sans en donner d'exemple, j'aurai occasion d'y revenir.

J'ai encore à examiner sur ce même objet, d'autres passages de M. LA SALLE, toujours à l'occasion de quelque idée de BACON. Le premier dont il s'agira est au tome VI, page 127. BACON, tâtonnant encore ici sur les différents degrés de *résistance* qu'on éprouve à séparer les parties des corps, les classe comme à son ordinaire, et propose des expressions descriptives pour les distinguer; entr'autres celles de *continuité* et de *liaison*. Ici M. LA SALLE met en note. « Au lieu de faire « deux *mouvements* distincts, de celui de « *liaison* et de celui de *continuité*, supposez « que les corps entiers et leurs parties ten- « dent à se réunir, en vertu d'une *force in-* « *hérente* à toutes les parties de la matière, « vous aurez le système de l'*attraction uni-* « *verselle* établi par NEWTON. Ce n'est pas « par hasard que nous disons *force inhérente*, « quoique ce grand homme, dans un temps « où l'*impulsion* cartésienne étoit encore à « la mode, ait eu la *prudence* de ne pas em- « ployer cette expression trop affirmative- « ment. Car si *toutes* les parties de la matière, « sans exception et dans tous les temps, s'at- « tirent réciproquement, cette propriété leur

« est donc *inhérente*. Quand vous dites *toutes* « *les parties de la matière*, il ne reste plus « *rien* qui puisse être *cause extérieure de* « *l'attraction*; elle ne peut être un simple « *effet*, elle est nécessairement *cause* elle- « même ».

Je ne m'arrêterai pas ici à montrer que la *gravité universelle* n'explique point les phénomènes que BACON désignoit dans ce passage, parce que je l'ai déjà fait à une autre occasion : la *cohésion* et la *gravité* ne sont point un même phénomène, et NEWTON ne les confondoit pas : mais cette note de M. LA SALLE donne lieu à d'autres remarques.

Et d'abord, est-il vrai que NEWTON n'ait pas dit *affirmativement* qu'il regardoit la *gravité* comme l'effet d'une *impulsion*? M. LA SALLE ne le pensoit pas, lorsqu'il traduisoit, au tome IV, page 392, ce passage de BACON, qui le conduisoit sans doute à réfléchir plus profondément sur les *causes générales*. « On « rencontrera (dit ce philosophe) dans « notre *histoire naturelle* et parmi les *ex-* « *périences* qui en font partie, bien des « choses qui paroîtront communes et de

« peu d'importance........ Quant à ces « observations qui paroissent triviales, que « les hommes, pour apprécier ce jugement, « daignent *ouvrir les yeux sur leur conduite* « *jusqu'ici;* car voici ce qu'ils font le plus « souvent. Lorsqu'ils rencontrent des faits « *rares*, ils veulent absolument les expliquer, « et ils croient y réussir, en les rapportant « et les assimilant aux faits *les plus com-* « *muns :* quant à ces faits *si communs*, ils « ne sont point du tout curieux d'en connoî- « tre les causes; mais ils les admettent pure- « ment et simplement, les regardant comme « autant de points accordés et convenus. « Aussi ne cherchent-ils jamais les *causes* « ni de la *pesanteur*, ni du mouvement de « rotation des corps célestes, ni de la cha- « leur, ni du froid, ni de la lumière, ni de « la dureté, ni de la mollesse, ni de la té- « nuité, ni de la densité, ni de la liquidité, « ni de la solidité, ni de la nature du corps « animé ou inanimé, ni de celle des parties « similaires ou dissimilaires, ni enfin de celle « du corps organisé ou non organisé. Ces dif- « férences physiques, ils ne sont nullement « curieux de les expliquer; mais ils les ad- « mettent comme autant de vérités évidentes

« et généralement reçues, se contentant de « disputer et de porter un jugement sur ces « autres phénomènes qui sont moins fréquents « ou moins familiers ».

M. LA SALLE, qui peut servir d'exemple à plusieurs égards, de ce peu de soin, d'intérêt même qu'on apporte à trouver les *causes* des *phénomènes communs*, met cependant en note, à l'égard de la *pesanteur* : « C'est « un *reproche* qu'on ne peut pas faire à « NEWTON ». Il se rappelloit donc en ce moment, que ce philosophe ne s'étoit pas seulement déclaré pour l'*impulsion*, comme *cause* de la *gravité*, mais qu'il avoit tenté d'assigner la *manière* dont elle s'*exerce*. Il met encore sur tout le passage, la note suivante : « Pour « *trouver* une explication, il faut la *chercher* : « pour la chercher, il faut une certaine *activité* « *d'esprit*. Or l'esprit humain est naturelle- « ment *paresseux* ; il n'a d'activité qu'autant « qu'une *passion l'éveille*, et les choses *très-* « *connues* n'en éveillent plus, parce qu'elles « cessent d'*étonner* ». M. LA SALLE auroit pu ajouter, que suivant celles des *passions* qui réveillent l'*esprit*, ses recherches se dirigent vers des objets très-différents ; je n'en connois qu'une qui dirige bien, c'est celle de la *vérité*. Mais la passion *de secte*, *l'idolum fori*, dirige fort mal; c'est ce qui est arrivé à M. LA SALLE, lorsqu'il a dit que NEWTON n'avoit pas osé, à cause des *cartésiens*, affirmer que la *gravité* étoit une *propriété inhérente* à la matière : et il veut toujours que ce soit par quelque *crainte*, que les grands hommes n'ayent pas osé soutenir les opinions qu'il a adoptées. C'est ainsi que, finissant au tome VI, page 309, la traduction du *Novum Organum*, et y retranchant les *sentiments religieux* par lesquels BACON termine cet ouvrage, il met en note : « Le « lecteur nous saura gré sans doute de lui avoir « épargné cet *oremus*, dont le *but*, selon « toute apparence, étoit d'engager les *prêtres* « à lui *pardonner son génie* ». Cette même *passion* éveillée chez lui, l'aura empêché de voir dans la collection des lettres de NEWTON, ce qu'il écrivoit au docteur BENTLEY, comme pour contredire à l'avance tous ceux qui voudroient lui attribuer de regarder la *gravité* comme *inhérente* à la *matière*. « Cette sup« position (dit-il) est pour moi *d'une si* « *grande absurdité*, que je ne crois pas « qu'un homme qui jouit d'une faculté ordi« naire de méditer sur les objets physiques,

« puisse jamais l'admettre ». En effet, un tel homme peut-il admettre l'absurdité, qu'un corps *agisse où il n'est pas.*

Venons à l'argument que M. LA SALLE regarde néanmoins comme péremptoire en faveur de cette opinion. « Quand vous dites « *toutes* les parties de la *matière*, il ne reste « plus *rien* qui puisse être cause *extérieure* « *de l'attraction ;* elle ne peut plus être un « simple *effet*, elle est nécessairement *cause* « elle-même ». Oui, quand on *dit* cela; mais ce n'est pas NEWTON qui l'a dit; puisqu'il réservoit une quantité de *matière* suffisante à produire son *éther*, qui devenoit une *cause extérieure de pression.* Ce n'est pas non plus M. LA SALLE, qui, avec tant de lumières et de génie, a attribué la *gravité* à des particules en *mouvement* dans l'espace. Mais ces philosophes ne balancent pas de rapporter à Dieu les *causes finales*, ainsi ils ne s'efforcent pas à trouver dans l'Univers l'origine de *mouvement*, dont la *cause*, pour tous ceux qui réfléchissent, doit en être absolument distincte.

Voilà ce qu'un *idolum fori* a inspiré à M. LA SALLE ; mais comme je dois rendre justice à ce qui me paroît provenir de son propre jugement, quand rien ne l'offusque, je vais avant que de terminer ce qui concerne l'objet de ce *titre*, le rappeler encore à lui-même, dans un passage qui me paroît digne d'être cité.

Le sujet est l'*Aphor.* LI, du livre I du *Novum Organum*, dont la traduction se trouve au tome IV, page 127. « L'entendement humain (dit BACON) en vertu de sa « nature propre et particulière, n'est que « trop porté aux *abstractions*; il est enclin « à regarder comme *constant* et *immuable*, « ce qui n'est que *passager*. Mais au lieu « d'*abstraire* la nature, il vaut mieux l'*analiser*, et en quelque manière la disséquer, « à l'exemple de DÉMOCRITE et de ses disciples; école qui a su, beaucoup mieux « que toutes les autres, y pénétrer et l'approfondir. Le sujet auquel il faut principalement s'attacher, c'est la *matière* même, « ainsi que ses *différentes* textures et ses transformations. C'est sur l'*acte pur* qu'il faut « fixer toute son attention : car les *formes* « ne sont que des productions de l'esprit humain, de vraies fictions, à moins qu'on « ne donne ce nom de *formes* aux *lois mêmes* « *de l'acte* ».

M. LA SALLE met d'abord ici en note, au-dessous du texte. « Les scholastiques, à « l'exemple d'ARISTOTE, distinguoient dans « un sujet trois espèces de manières d'être, « ou de modes ; savoir : la *puissance* ou *fa-* « *culté*, l'*acte* et l'*habitude ;* c'est-à-dire, « ce qui *peut être*, ce qui est *actuellement*, « et ce qui *est continuellement*. BACON veut « dire qu'il faut fixer son attention, non sur « ce qui *peut* ou *doit être*, mais sur ce qui « *est* en effet ; non sur le *droit*, mais sur le « *fait*, c'est-à-dire, *observer* au lieu de « *raisonner* ».

Il reprend ensuite dans ses *commentaires*, à la page 205, les mots : *A moins qu'on ne veuille donner ce nom de formes aux lois mêmes de l'acte ;* « Afin de rendre plus in- « telligible le sens qu'y attache BACON. La « *loi* de l'*acte pur*, du *mouvement actuel*, « ou de l'*acte*, c'est le *pur fait bien détaillé ;* « c'est le *comment* de ce *mouvement*, observé « *tel qu'il est*, tel que la nature le présente « et avec *toutes ses circonstances*, comme « sa *direction*, sa *durée*, sa *vitesse*, la *quan-* « *tité de matière*, la *grandeur*, la *figure*, « la *situation* etc. des corps mus ou des corps

« mouvants, enfin l'assemblage et de ces « corps et de leurs mouvements. Ce passage « signifie aussi que, pour être vraiment *phy-* « *sicien*, il faut, d'après le conseil de LOCKE « ou de l'expérience, s'accoutumer à *penser* « *sans mots*, de peur d'*employer des mots* « mal définis, et de les *prendre pour des* « *choses*; de peur enfin de *parler quand il* « *ne s'agit pas de paroles* : qu'il faut avoir « reçu ou se donner soi-même, non une « imagination *logique* qui se paie de *termes* « *abstraits*, en attendant des *idées*, ou une « imagination *poétique* qui *exagère* ou *défi-* « *gure* tout; mais une imagination *mécanique* « qui se représente les choses *telles qu'elles* « *sont*, et aussi nettement que si l'œil les « voyoit. Pour mériter aisément une place « honorable en *philosophie*, il faut y entrer « par la *mécanique*, et dans la mécanique « par l'*horlogerie*, celui de tous les arts qui, « en embrassant le plus grand nombre de « moyens de ce genre, exige la théorie la « plus précise et la plus complète. Cette « manière de commencer donne à l'esprit de « l'étendue, de la force, de la justesse et de « la netteté. Elle fait qu'il n'est pas long-temps

« dupe des *aperçus éblouissants*, qu'il ne « s'*effraie pas* à la vue d'un assemblage très- « compliqué ».

Je cesse à regret de copier ce commentaire, dont ne voilà que la moitié ; mais c'est la partie essentielle, le reste étant des développements. Il n'y a jamais rien eu de mieux dit ni de plus vrai sur ce que doit être un *physicien*. L'idée de LOCKE en particulier, que M. LA SALLE a si bien saisie, décrit véritablement ce qui se passe dans notre esprit, quand il conçoit réellement quelque chose en *physique ;* il *pense* absolument *sans mots ;* il *voit* les choses comme on les *voit* par les yeux du corps; la différence du *perceptible* à l'*imperceptible* ne regardant que ces derniers, et non les yeux de l'esprit : car les opérations *physiques* de la nature se rapportent directement à la *mécanique*, ses *agents* opèrent comme les *agents mécaniques* perceptibles ; et à proportion de ce que l'esprit étend les *lois* de la *mécanique* sur les opérations *imperceptibles* qui ont lieu dans l'Univers, il en lie de plus en plus les phénomènes à de premières *impressions* de *mouvement*. Voilà donc ce que je prie M. LA SALLE de se rappeler, en examinant de nouveau ses systèmes sur la *nature*, auxquels il n'a pu accorder quelque confiance qu'en manquant à ses propres règles ; ce que je montrerai encore de ceux qui font les objets des titres suivants.

TITRE III. *Des principales causes secondaires.*

Sous le titre précédent, il n'a été question que des grands corps disséminés dans l'espace, de leurs mouvements, et de l'influence qu'ils ont les uns sur les autres, ce qui concerne principalement la physique générale. Il sembloit d'abord que sur ces objets éloignés, les observations astronomiques fussent notre seule ressource quant à la découverte des causes physiques de leurs phénomènes, et que l'*expérience* ne pût y atteindre; mais on a vu que nous pouvions y passer, d'après des phénomènes de notre globe que l'*expérience* nous aide à bien connoître.

C'est donc par la *physique terrestre*, qu'il faut commencer nos recherches pour nous élever à celle de l'Univers; car c'est par les objets qui nous environnent, que nous pouvons faire des pas sûrs dans la connoissance des *causes physiques*; et il n'est presque aucun phénomène terrestre, soigneusement décrit avec ses rapports à ceux des classes prochaines, qui puisse être vraiment expliqué, sans que les *causes générales* n'y interviennent de quelque manière ; ce qui soumet les idées qu'on peut se faire de celles-ci, à l'examen de faits qui se trouvent à notre portée. Puis donc que c'est sur cette seule base que nous pouvons appuyer solidement les idées que nous nous formons de la nature, il faut employer, en la construisant, la même exactitude qu'apportent les astronomes dans la mesure des petits angles.

M. LA SALLE n'a pas suivi cette règle : *effrayé* à l'aspect de ce que BACON présentoit comme objets de recherches à l'égard du *mouvement* seul, et désespérant de trouver une issue dans ce labyrinthe, il est passé *d'un vol* à l'idée d'un *élément dominant*, qui pouvoit dispenser de toute autre recherche. C'est de cet *élément* qu'il s'agira ici, en suivant les *notes* auxquelles il renvoie dans le passage que je viens de rappeler.

La première de ces *notes* que j'ai déjà citée, est au tome IV, page 100. « Je ferai « voir (y dit-il) *dans une autre note*, que « la *subdivision* de la *matière*, opérant par « cinq causes ou circonstance, dont une a « échappé à DESCARTES et à NEWTON, reta- « blit sans cesse le *mouvement* détruit par « cette multitude innombrable de chocs « qu'essuient

« qu'essuient les corps flottants dans l'espace, « et quelle est le véritable *remontoir* de la « *machine* de l'Univers ».

J'ai trouvé deux *notes* fondamentales sur ce sujet, dont la première est à la page 123 du même volume. Il s'agit d'un passage de BACON où il parle des *esprits*, ou *fluides subtils*, renfermés dans les *corps tangibles*, et auxquels il attribue, avec raison, la plupart des changements qui arrivent à ces corps. Voici la note de M. LA SALLE. « BACON « (dit-il) parle souvent de ces *esprits* ren- « fermés dans les *corps tangibles*, et ne « pense jamais à prouver leur existence. Mais « sans remonter à l'origine des choses et à la « formation de l'Univers, comme DESCARTES, « on conçoit aisément que, de la *multitude* « *innombrable des chocs* qu'essuient les « corps de toute espèce, qui se *frottent* et « se *liment*, pour ainsi dire, réciproquement; « *limes* qui deviennent de plus en plus *fines*, « à mesure que ces corps se *divisent* et se *sub-* « *divisent*; doit à la longue résulter un *fluide* « assez *subtil* pour *pénétrer* tous les compo- « sés, suivant toutes leurs directions, et que « sa *subtilité même* rend *actif*, comme je le « ferai voir *dans une autre note*. La plupart

« des philosophes ont supposé l'existence de « ce *fluide*, sous différents noms, tels que « ceux de *matière subtile*, d'*agent univer-« sel*, d'*esprit*, de *char* ou de *véhicule*, « de *fluide électrique*, de *fluide magnétique*, « de *Dieu*, etc. Il est naturel à un sauvage « qui considère une *montre*, dont il ne peut, « et dont il veut pourtant expliquer le mou-« vement, d'y supposer une petite *âme*, un « petit *être* qu'il ne connoît pas mieux que « ce qu'il veut expliquer, et auquel il *con-« fie la faculté* de *produire l'effet* dont *il « veut rendre raison*. Chaque systématique « est ce sauvage ; ne *pouvant expliquer* cer-« taines *propriétés* de la *matière*, il la *sub-« divise à l'infini* par la pensée, afin de « *dérober aux objections* le *sujet* de ses rai-« sonnements, et de rendre son ignorance « impalpable comme sa *matière*. Par ce moyen, « lorsqu'il tombe dans des méprises, on ne « peut *le prendre sur le fait* ; et moi-même, « je ne m'excepte pas ». Voilà encore qui est de bonne foi. Mais quand on est si capable de juger ce que sont de tels systèmes, comment s'abaisse-t-on à en fabriquer ! Comment surtout s'enhardit-on à les employer pour remplacer *Dieu* dans l'*Univers* ! Comment, avec la judiciaire qu'il manifeste souvent ailleurs, M. LA SALLE a-t-il pu dire au milieu de tels rêves (tome VI, page 216, en note) « Le « lecteur observera lui-même, que je ne « donne pas mes *suppositions* pour des *prin-* « *cipes*; et que, si je me trompe, du moins « je ne trompe point? » Non, il ne trompe pas les hommes instruits, mais ceux qui chercheront l'instruction dans ses ouvrages!

Il ne se trompe pas moins quand il pense, que son *ignorance* deviendra aussi *impalpable* que sa *matière*; car ceux qui, en *physique*, et suivant la remarque de LOCKE, ne pensent pas en *mots*, mais en *choses*, suivent, avec les yeux de l'entendement, dans la plus grande *subdivision* de la *matière*, les mêmes *actions mécaniques* qu'ils observent avec les yeux du corps dans les *substances tangibles*; et ils ont reconnu la vérité de ce que dit BACON (traduction, tome V, page 31); « Que dans cette « recherche *même*, et dans celle de toute « *secrète configuration*, la *lumière* la plus *vive*, la plus *vraie lumière*, jaillit des *axiomes* du premier ordre ». (C'est-à-dire, des résultats généraux de l'observation et de l'expérience) : « C'est celle-là (ajoute-t-il) qui, « dans une analise *aussi fine* et *aussi diffi-*

Q 2

« *cile*, peut *dissiper tous les nuages*, et « *éclairer* toutes les parties du sujet ». C'est à cette *lumière* que M. LA SALLE a renoncé lorsque, reculant à l'aspect de ce que BACON disoit être nécessaire pour l'obtenir, il a inventé son *élément dominant*; mais elle se portera d'abord sur la cause qu'il a imaginée pour le rendre *actif*; ce qui est le sujet de l'autre *note* annoncée ci-dessus.

Cette *note* est au tome VI, page 353, où, faisant mention de ce qu'on pense des *chocs* entre les corps *mous*, qu'une partie du *mouvement* s'y trouve *détruite*, il met en note. « Du moins c'est ce que disent les physiciens « ordinaires, qui ne s'avisent jamais de dou- « ter de ce qu'ils disent toujours. Mais il se « pourroit qu'à notre insu, le *mouvement* « qui paroît *détruit* par le *choc*, se commu- « niquant à ce *fluide*, dont tous les corps « sont intimement pénétrés (*fluide* dont « nous avons démontré l'existence), puis « aux portions *extérieures* et environnantes « de ce même *fluide*, il n'y eut réellement « aucun *mouvement* de *perdu*; et que le « *mouvement*, une fois *imprimé* à la *ma-* « *tière*, subsistât éternellement dans sa tota- « lité. Si cette conjecture, qui n'a rien d'ab-

« surde, étoit fondée, la *machine de l'U-*
« *nivers* n'auroit pas besoin de *remontoir* ».

Je ne sais quelle idée me former de celle de M. LA SALLE, quand il a imaginé cette hypothèse; il est bien évident du moins, que lorsqu'elle lui est venue à l'esprit, il ne supposoit pas que le *mouvement* fût *essentiel* à la *matière;* puisqu'il cherchoit un moyen de conserver dans l'Univers, le *mouvement* une fois *imprimé*. Il paroît reconnoître ici la nécessité *physique* (comme on l'a vu ailleurs reconnoître la nécessité *morale*), d'admettre l'existence d'un Être Suprême intelligent; « de *laisser* dans l'Univers un Dieu, qui « donne à ce grand tout, l'unité, l'âme et « la vie ». Ce passage ne sauroit avoir aucun autre sens, et j'aime à m'y arrêter. Je ne considérerai donc toute l'hypothèse que du côté *physique*; ce qui reviendra au même quant à son examen; et je le ferai pour appuyer l'idée de BACON, si bien commentée ci-dessus par M. LA SALLE, qu'on ne peut s'élever à une *philosophie* réelle, que par la *physique*, ni à celle-ci, que par la *mécanique*.

Quand M. LA SALLE parle de « cette mul-
« titude innombrable de *chocs* qu'essuient

« les corps de toute espèce, qui se *frottent* » et se *liment*, pour ainsi dire, réciproque- « ment » où place-t-il cette *opération*, s'il ne *pense* pas en *mots* seulement, mais en *choses*? Il ne peut pas avoir en vue une *érosion* des grands corps entr'eux, ni avec l'*espace*; il doit la supposer entre les parties de ces corps, et en particulier sur la terre; mais où se fait-elle? Seroit-ce dans les eaux courantes, ou par les vagues de la mer et des lacs, par les vents, par la charrue, le charroi, ou les autres actions des hommes et des animaux? On ne sauroit supposer que ce soit là son idée. Mais alors je ne sais trouver nulle part une production de *menue poudre*, par des substances qui se *liment* les unes les autres. Les corps terrestres se sont *composés*, se *composent*, *se décomposent* et se *recomposent* par des opérations chimiques, et il n'entre en tout cela ni *brisement*, ni *érosion*, ni *broyement*. Les *éléments*, inaltérables par les *chocs*, s'unissent, se combinent, se séparent, et demeurent toujours les mêmes. Quand les composés éprouvent des *chocs* en masses, ils se *brisent*; quand quelque cause les *lime*, les *broye*, ils se *pulvérisent*; mais jamais il n'en résulte une *subdivision* jusqu'aux *éléments*, pas même aux premières *molécules*, ou *parties constituantes* des *composés*, elles-mêmes déjà *composées*. Et quant aux *mouvements* et changements internes des corps qui sont occasionnés par des *fluides*, puisque ce sont eux qui les *produisent*, ils ne peuvent pas *en naître*.

Mais de plus, quelle est l'idée que se fait M. LA SALLE de ce qu'il nomme un *fluide*, quand il suppose qu'une très-grand *subdivision* de la *matière* peut enfin le produire ? Il a vu BACON dire et répéter souvent, qu'entre les *formes* sur lesquelles les physiciens devoient porter leurs recherches, l'*expansibilité* étoit au premier rang, et que tant qu'elle ne seroit pas connue, on ne sauroit se flatter de faire aucune découverte dans la marche des effets physiques. Or certainement M. LA SALLE ne s'étoit pas pénétré de cette vérité, lorsqu'il a pu se contenter de l'idée, que des *poudres subtiles*, produites par *érosion*, et recueillant le *mouvement* qui semble se perdre dans les *chocs* des corps *mous*, acquéroient une grande *activité*, et pouvoient devenir le *remontoir* de la *machine de l'Univers*. Je ne m'arrête pas à la confusion de *mouvements* sans aucun *effet* suivi, qui résulteroit d'une telle *cause*, je ne considère que l'hypothèse, et son opposition aux faits.

L'essence d'un *fluide*, à l'instant même où il est produit dans quelque opération chimique, est d'être *expansible*. Ses particules n'attendent donc pas l'assistance de *chocs* indirects, pour être en *mouvement*, ce seront au contraire elles-mêmes qui communiqueront leur *mouvement* à d'autres corps. Or quand on a trouvé, comme l'a fait le docteur BERNOUILLI, cette vraie *forme* de l'*expansibilité*, savoir, *le mouvement des particules discrètes*, et qu'on cherche profondément d'où ce *mouvement* peut naître, on arrive enfin, comme M. LESAGE, par les *lois de la mécanique*, et par des *exclusions* rigoureuses, à lui assigner pour causes, certaines *figures* déterminées des particules, et l'action de l'*agent* même de la *gravité*. Voilà donc comment se renouvelle dans l'Univers perceptible, le *mouvement* qui s'y détruit sans cesse, dans les *chocs* entre les *corps mous*, et dans nombre d'autres *effets physiques* : ce n'est pas une cause *éternelle*, comme il conviendroit à l'athée de la trouver, mais une cause qui continuera d'agir dans toute la durée que le Créateur a fixée à l'arrangement actuel des choses dans la nature. Au reste, je n'oppose point ceci à M. LA SALLE comme un argument; c'est un système que je l'invite d'étudier, après avoir montré que le sien est sans aucune espèce de fondement.

Cependant je ne suis pas étonné qu'il se soit arrêté à ce système lorsqu'il s'est présenté à son esprit; ce n'est pas lui qui a introduit dans les sciences naturelles, la marche arbitraire dont son idée est une conséquence; il l'a trouvée établie par ceux qui ont écarté la philosophie de BACON dans les considérations physiques, et c'est par-là qu'il n'a pas réfléchi profondément sur les ouvrages de ce philosophe, quoiqu'en les traduisant. D'ALEMBERT avoit dit de lui : « Il vouloit « que l'esprit sacrifiât l'étude des *êtres gé-* « *néraux* à celle des *objets particuliers* » ; et dès-lors entr'autres, on n'a plus songé à la recherche de l'*essence* de l'*expansibilité*, l'un des premiers éléments de la *physique*; ce qui a produit une vacillation continuelle de systèmes, dont les esprits étant fatigués, ils ont enfin embrassé la *nouvelle théorie chimique*, pour avoir quelque point fixe; mais c'est en oubliant la *physique de l'Univers*, et même d'abord la *physique terrestre*, comme on pourra le voir dans un ouvrage que je vais publier. Or c'est-là encore la cause de l'étrange système de M. LA SALLE sur l'objet du nouveau *titre* auquel je passe maintenant.

TITRE IV. *Des êtres organisés appartenants à la terre, et de leur histoire, liée à celle de la terre elle-même.*

M. LA SALLE, ne sachant que penser d'une *création*, parce qu'il a abandonné l'instruction divine commune à tous les hommes, et se trouvant ainsi très-embarrassé sur l'*origine* des *êtres organisés*, il a imaginé, comme cause de leur *production*, une *chaleur* plus grande que ne possède aujourd'hui notre globe; ce qui lui a fait adopter le système de M. DE BUFFON; parce que dans ce système, notre globe est supposé sorti du soleil avec une chaleur d'incandescence qui a diminué par degrés, et que dans la succession de ce *refroidissement*, il a pensé qu'il pouvoit y avoir eu quelque période favorable à la *production* de ces *êtres*. Il s'est ensuite tellement pénétré de cette fable géologique, que prenant compassion des racesfutures, il ne s'est un peu tranquillisé sur leur sort, que par la considération suivante (tome IV, page 316): « Grâce à « l'art typographique, qui multiplie à l'infini « l'expression des vérités utiles, et à ces « autres moyens de communication qui les

« dispersent en tous lieux, ni les tyrans mo-
« raux ni les tyrans physiques ne pourront
« plus effacer la science acquise ; et désor-
« mais, subsistant jusqu'à la fin des siècles,
« elle ira toujours en croissant ; compensation
« bien nécessaire pour alléger les maux aux-
« quels seront exposés nos infortunés descen-
« dants, par le *refroidissement successif de*
« *cette planète* ». M. LA SALLE ne leur transmettra pas ainsi de la *science*, et fort heureusement pour eux ; car aucune science ne les garantiroit du *refroidissement* de la terre, s'il étoit vrai.

Il vient alors à ce qu'il regarde comme des preuves de ce *refroidissement*. « Il semble
« démontré (dit-il) par les trois faits sui-
« vants : 1°. Le résultat des observations mé-
« téorologiques que j'ai recueillies dans dif-
« férents auteurs, est, qu'en Europe, le
« froid et l'humidité vont toujours en aug-
« mentant *depuis* 1740, comme l'a avancé
« TOALDO, météorologiste de Padoue ; 2°. les
« glaces flottantes dans la mer du nord ga-
« gnent de plus en plus vers le Midi ; 3°. les
« glaciers de la Suisse croissent aussi d'*année*
« *en année*, et dans toutes les directions.
« Le lecteur attentif doit sentir la force de

« la preuve tirée de ces trois faits réunis. « Le premier fait n'est rien en lui-même ; « mais joint aux deux autres, qui seuls pour- « roient suffire, il acquiert une nouvelle force « probante qu'il leur communique. Il n'y a « ici ni *hasard* ni *cause locale ;* c'est une « *cause générale et continue* qui agit ; et « M. DE BUFFON a raison ».

M. LA SALLE doit d'abord retrancher la première de ces preuves, s'il veut du moins être d'accord avec M. DE BUFFON lui-même. Ce naturaliste avoit grand besoin de trouver quelque trace de refroidissement par les observations météorologiques, et cependant il a été aux expédients pour expliquer au contraire, ce qui résulte de la comparaison des phénomènes relatifs à la *température*, entre les relations des anciens à cet égard, concernant la Germanie et l'Italie, et ce qu'on y observe aujourd'hui, d'où il résulteroit que la *chaleur* de la terre va en *augmentant.* Il alléguoit les défrichements, les dessèchements, et jusque-là je crois qu'il avoit raison ; mais il a ajouté un plus grand *mouvement* des hommes à la surface de la terre, par l'augmentation de la population ; comme il a dit que le *mouvement* des planètes entretenoit la *chaleur* du soleil, à la manière dont le mouvement des roues échauffe les essieux; et que n'a-t-il pas dit dans sa *Théorie de la terre*, et dans ses *Époques de la Nature!* Mais d'ailleurs, M. LA SALLE n'auroit-il pas dû comprendre, que si une diminution de la *chaleur* de la terre pouvoit être sensible dans l'espace de 60 ans, cette planète auroit été inhabitable il y a 1000 seulement, par l'*excès* de la *chaleur?*

J'en dirai de même du fait de l'augmentation des *glaces* dans les mers du Nord et sur les Alpes, qui est réelle. M. LA SALLE auroit pu voir, que ce phénomène prouve aussi beaucoup *trop* pour son hypothèse; car comme il le dit, ces *glaces* augmentent d'*année en année*; et les *accroissements* ont un rapport sensible avec le tout. Si donc ces progrès procèdoient du *refroidissement* de la terre, M. LA SALLE n'auroit pas besoin de rétrograder, comme on le verra, non des milliers, mais des millions d'années pour trouver l'époque qu'il cherche; la mémoire des hommes y suffiroit amplement. Mais s'il eût étudié les naturalistes qui se sont occupés vraiment d'observations géologiques, il auroit vu; que cet accroissement rapide des *glaces*, renvoie leur commencement, avec celui de nombre d'autres phénomènes de genres différents, à une catastrophe évidemment arrivée sur notre globe, et dont la mémoire est conservée parmi les hommes.

Il revient encore à ce *refroidissement* de la terre, au tome VI, page 254, pour en donner un autre preuve. C'est à l'occasion de quelques observations que BACON désiroit qu'on fît dans des excavations très-profondes, pour éprouver l'effet que produiroit sur certaines substances, la durée du *froid*; étant dans l'idée, vu le peu de connoissances qu'on avoit alors sur notre globe, que plus on s'enfonçoit au-dessous de la surface de la terre, et ainsi loin de l'action du soleil, plus la chaleur diminuoit. M. LA SALLE met ici en note: « BACON ignoroit un fait *dont on s'est assuré* « depuis; savoir : que jusqu'à une certaine » profondeur, par exemple, jusqu'à 14 toises « au-dessous du rez-de-chaussée (ce qui est « à peu près la profondeur des *caves de l'Observatoire de Paris*) et à quelques toises « plus bas, le thermomètre se tient toujours « au dixième degré (échelle de Reaumur); « mais au-dessous, la chaleur *va toujours* « *en augmentant* à mesure qu'on descend;

« ce qu'on regarde avec raison comme une « preuve de l'existence du feu central; con- « clusion d'autant plus fondée, que ces dif- « férences sont à-peu-près les mêmes dans « toutes les contrées et sous tous les climats. « (*Voyez* les notes de M. DE BUFFON à la « suite des *Époques de la Nature*) ». Toujours M. DE BUFFON sur la *géologie !* mais *voyez* plutôt ce que *savent* les mineurs, et ce qu'ont publié ceux qui ont fréquenté les mines. J'ai donné entr'autres, dans les *Transactions philosophiques* de la société royale de Londres, deux mémoires sur des mesures barométriques faites dans les mines du Hartz, jusqu'à 220 toises de profondeur, auxquelles j'employai un *thermomètre* que j'avois observé dans les *caves de l'Observatoire de Paris*, et il s'y tint partout sensiblement à la même hauteur. Ainsi ce prétendu *refroidissement* de notre globe est une chimère. Mais voyons le parti que M. LA SALLE croyoit pouvoir tirer de la supposition que la *température* de la terre avoit été autrefois beaucoup plus élevée, pour expliquer la production des *animaux*, par une plus grande *chaleur*, et non point par l'acte tout puissant d'un *Être Suprême*, par une *création*.

Au

Au tome V, page 167, parlant de ceux qui ont rectifié l'idée où l'on étoit encore au temps de BACON, que la corruption produisoit des *animaux*, il met en note. « Ils ont « oublié de se faire une certaine question, « et par conséquent d'y répondre; c'est celle-« ci : les deux premiers individus de chacune « des espèces qui aujourd'hui engendrent « par voie d'accouplement, ont-ils été en-« gendrés ainsi ? Nous ne risquons rien de « répondre que non, attendu qu'avant la « formation du premier mâle et de la pre-« mière femelle; il n'y avoit encore ni mâle « ni femelle, et à toute question semblable « relativement au premier individu de chaque « espèce hermaphrodite, on peut faire la « même réponse. Mais si ces deux premiers « individus n'ont point été engendrés par « voie d'accouplement, ou ce premier indi-« vidu hermaphrodite par voie d'une fécon-« dation quelconque, il existoit donc *dans* « *la nature*, avant la formation du premier « ou des deux individus de chaque espèce, « quelque autre moyen de *génération* que « ceux qui nous sont connus. Or les *forces* « de la *nature* étant *éternelles*, comme ce « *fonds* sur lequel elles travaillent, si ce

« moyen a existé dans l'Univers, il doit y « exister encore. *Reste à dire*, qu'il *peut* y « être encore, mais qu'il n'y est pas au degré « suffisant pour opérer des *générations spon-* « *tanées et immédiates*; et c'est ce qui seroit « en effet, *si ce moyen primitif*, cette *cause* « *première* (et *physique*) de toute *généra-* « *tion* n'étoit autre que la *chaleur même du* « *soleil*. Notre globe *s'est prodigieusement* « *refroidi* depuis quelques milliers, ou, si « l'on veut, depuis quelques millions d'an- « nées; car les chiffres ne coûtent rien. Et « *il se peut* que cette *chaleur qui*, toute « affoiblie qu'elle est aujourd'hui, est encore « suffisante pour perpétuer les espèces déjà « formées et en produire les individus, à l'aide « des *moules* qu'elle trouve tout faits, et « qu'elle forma dans les premiers temps de « son action, dans le temps de sa plus grande « énergie; que cette *chaleur* dis-je, ne soit « plus suffisante pour opérer des *générations* « *spontanées*, produire de *nouvelles espèces*, « ou reproduire les *anciennes*, par cette pre- « mière voie qui les *produisit*. Mais *alors* ces « *générations spontanées* ne seroient *impos-* « *sibles* que d'une impossibilité *actuelle* ou « *relative*, et non d'une impossibilité *ab-*

» *solue*, comme le prétendent ces physiciens « *germinalistes* auxquels nous parlons ».

Est-ce là le même homme qui a pu dire : « Quelle différence ô lecteurs aussi sensibles « que judicieux ! de cette *physique* sèche et « toute tissue de faits au fond assez indiffé- « rents et de *bizarres formules*, à cette phy- « sique qui, en déployant à nos yeux le vaste « et magnifique spectacle de l'Univers, y met « ou y *laisse* un Dieu qui donne à ce grand « tout l'unité, l'âme et la vie»? Est-ce là encore le même homme qui a dit avec tant de vérité : « Si je m'élève tout d'un coup à un principe « généralissime, il est probable que l'énoncé « de ce dernier sera trop général, ou, s'il ne « l'est pas trop, je n'aurai aucun moyen de « m'en assurer ; et les principes moyens que « je voudrai en déduire ne seront que des « conséquences *hasardées* » ?

« Il existoit *donc* dans la *nature* » (dit M. LA SALLE n'étant plus lui-même) « quelque « autre moyen de *génération* que ceux qui « nous sont connus ». Pourquoi *dans la nature?* Qu'est devenue l'idée de Dieu, qui en est l'*âme et la vie?* « Il *se peut* que cette « *chaleur* qui, toute affoiblie qu'elle est « aujourd'hui, est encore suffisante pour

« perpétuer les espèces déjà formées, à l'aide « des *moules* qu'elle trouve tous faits, et « qu'elle forma dans le temps de sa plus « grande énergie, ne soit plus suffisante pour « opérer des *générations spontanées* ». Comment sait-il qu'*il se peut ?* ou en général, quelles devroient être les règles du *possible* pour un homme comme lui? Il faut au moins bien entendre en quoi consiste l'opération dont on parle, et avoir quelque exemple d'action analogue des causes qu'on lui assigne; sans cela cette expression *il se peut* n'est pas digne d'un philosophe. Or M. LA SALLE s'entend-il lui-même, quand il parle de tels *moules*, quand il les suppose formés par la *chaleur?* Les *germinalistes* à qui il s'adresse, ont-ils eux-mêmes quelque idée de ce qu'ils nomment les *germes?* Existe-t-il, en un mot, dans le passé ou le présent, quelqu'un qui se soit avancé au moindre degré dans la connoissance de la *génération*, qui ait pénétré dans l'*essence* de l'*organisation ?* Tout est pour nous lettre close dans la nature intrinsèque des *êtres organisés*, et l'on veut y déterminer le *possible*, quant à une *origine physique !*

Voyons ce que dit M. LA SALLE sur ce

sujet, quant il entreprend de donner quelque apparence à son système. C'est d'abord au tome V, page 395, où il critique BACON de ce qu'il a dit d'ARISTOTE : « Il assigne « magistralement pour cause de la *génération*, la présence ou l'approche du soleil, « ou son absence, pour cause de la *corruption* ». Après quelques remarques générales, M. LA SALLE entre ainsi en explication. « Mais abandonnons une fois tous ces raisonnements généraux, croyons-en nos yeux. « Durant l'hiver, tous les individus, quelque soit leur âge, paroissent plus *vieux* » que durant l'été ou les deux saisons moyennes, et le deviendroient en effet, si, à « l'aide d'une chaleur artificielle, ils ne se « procuroient une température plus douce, « et, pour ainsi dire, une autre saison. Comparons cet état d'engourdissement, de sommeil et de *mort* où durant la saison glaciale « se trouve plongée la nature entière, à ce « rajeunissement, à cette espèce de *résurrection* universelle qui s'opère au printemps; « saison où tout revit et brûle de répandre « la vie; où chaque insecte enfante une légion; où chaque feuille loge une armée; « croyons-en, dis-je, le sentiment vivifiant

« que fait naître cette comparaison. Certes, « ce grand phénomène considéré en masse, « éclipse trois ou quatre *petits faits* cherchés « à dessein, et ici la *règle* écrase l'*excep-* « *tion* ». Quelle *règle?* Quelle *exception?* De quoi s'agissoit-il? De savoir si la *chaleur* pouvoit produire des *générations spontanées*, des *êtres organisés*, sans premiers *êtres* de leur espèce. Or qu'est-ce que montrer, que ces *êtres* une fois *produits*, ne peuvent pas continuer de *vivre* sans un certain degré de *chaleur*, chacun dans leur espèce? Faudra-t-il donc aussi conclure, de ce que la *raré-faction* de l'*air* jusqu'à un certain degré fait *mourir* la plupart des *animaux*, que sa *con-densation* pourroit en *produire!*

Rassemblons tous les développements épars de cette étrange idée. BACON avoit dit (tome IV, page 123) comme critique de la manière dont jusqu'alors on avoit jugé des opérations de la nature : « Dès que notre œil est en dé-« faut, toutes nos réflexions cessent à l'ins-« tant; on n'observe que peu ou point les « choses invisibles (par leurs effets visibles). « Aussi toutes ces actions si diversifiées « qu'exercent les *esprits*, (fluides subtils, « renfermés dans les *corps tangibles*, ont-

« elles échappé aux hommes, et leur sont-« elles absolument inconnues. Car, lorsque « quelque transformation imperceptible à « lieu dans les parties de composés assez gros-« siers (genre de changement qu'on désigne « communément par le mot d'*altération*, « quoique au fond ce ne soit qu'un mouve-« ment de *transport*, qui a lieu dans les plus « petites parties); la manière dont s'opère ce « changement est absolument inconnue. Ce-« pendant si ces deux sujets-là ne sont *bien* « *éclaircis* et mis *au grand jour*, ne nous « flattons pas qu'il soit possible de faire rien « de grand dans la nature, quant à l'exécu-« tion ». Voyons le *jour* que va répandre M. LA SALLE sur ces *opérations cachées*.

Dans un commentaire sur ce passage, à la page 203, après avoir expliqué les expressions latines que BACON y emploie, il continue ainsi : « Si M. DE BUFFON eût joint à l'exposé « de son système sur la *génération*, une ex-« plication semblable à celle-ci, peut-être « fût-il parvenu à rendre *intelligible* cette « dénomination de *moule intérieur*, qu'il em-« ployoit dans les mêmes vues, et dont il fai-« soit un si fréquent usage, en laissant plutôt « deviner les idées qu'il y attachoit, qu'en

« les déterminant du moins une fois par une « bonne analise. Car si, au lieu de considérer « l'assemblage, le tout résultant de la situa- « tion respective des parties solides d'un « corps, nous considérons le tout, l'assem- « blage résultant de tous ses *pores*, soit in- « térieurs soit extérieurs, c'est-à-dire, de « tous les vides que ses parties solides lais- « sent entr'elles, il en résultera une *figure* « totale à-peu-près semblable à celle qui « résulte de l'assemblage des parties solides. « Donnons à cet assemblage de pores, de « trous, de vides ou de filières, le nom de « *moule intérieur*. Ce nom de *moule* lui con- « viendra, puisqu'une *matière* va s'y *mouler*. « La qualification d'*intérieur* lui conviendra « également, puisque le nombre des *pores* « *intérieurs* qui vont servir de *moules*, étant « infiniment plus grand que celui des pores « extérieurs, c'est principalement la *partie* « *intérieure* de cet assemblage que nous allons « considérer. Et il n'y aura point de contra- « diction dans les *idées*, puisque l'imagina- « tion se peint tout cela aussi aisément et « aussi nettement que si l'œil le voyant ac- « tuellement, l'aidoit ainsi à le voir.

« CELA POSÉ, supposons que les *parties*

« d'un *fluide* soient chassées dans tous ces « *vides* servant de *moules*, par une force « quelconque à laquelle on donnera tel nom « qu'on voudra; et de manière que chaque « *molécule* du *fluide* heurtant une *molécule* « du *solide*, la *déloge* et *se mette à sa place*: « supposons de plus que chaque *molécule* « nouvelle, en se logeant, adhère à l'assem- « blage, et qu'après la totale *substitution*, « toutes les nouvelles *molécules* adhèrent les « unes aux autres, qu'arrivera-t-il à la fin ? « Que toute la *substance* de ce corps sera « *renouvellée*, et que sa *forme* sera *con-* « *servée*. C'est peut-être ainsi que s'opèrent « toutes les *nutritions*.... » Arrêtons-nous un moment. Supposons que ce soit ainsi que s'opèrent les *nutritions*; mais qu'on observe le *saut* que va faire M. LA SALLE. — « Les « *générations d'animaux*, de *végétaux*, *de* « *minéraux* (ajoute-t-il) : car les *premiers* « *corps* une fois *formés*, et les *filières* une « fois établies, ces *moules* servent à en former « d'autres *semblables* à eux; et dès-lors on « entrevoit la *raison* de l'*éternité des es-* « *pèces* ».

Devoit-on s'attendre de la part de M. LA SALLE, qui en d'autres occasions raisonne très-bien, de lui voir fabriquer un *système*. — Non, de lui voir faire un *tour de gibecière* tel que celui-là? On nous annonce des *moules* où la matière va se *mouler*; nous passons sur toute l'opération pour voir à quoi elle aboutira; on la voit clairement aboutir à *renouveller* les *mêmes moules*. Qu'est-ce que ce renouvellement? C'est la *nutrition* — à la bonne heure : mais de nouveaux *moules?* des *animaux* ou *végétaux* semblables à ceux-là? la *génération* en un mot? — « Vous atten-« diez-vous que je vous l'expliquerois? (pour-« roit-il dire en lui-même) Vous étiez bien « dupes ». Et voilà en effet comment on s'expose à être accusé de prendre les hommes pour des dupes, en prenant si peu de soin de ne l'être pas soi-même de quelque *idole*.

Achevons ce triste examen. M. LA SALLE supposoit là des *moules* tout formés; ce n'étoit donc qu'un système apparent sur la *propagation*. Mais l'*origine* des *êtres organisés* — la *production* des *premiers individus* de chaque *espèce?* Car c'étoit-là qu'il falloit arriver : voyons comment il y arrivera.

On a déjà pu voir, par divers exemples, que le livre II, du *Novum organum* est presque entièrement destiné à déterminer les différents rapports sous lesquels les phénomènes d'une classe peuvent aider aux recherches qui la concernent, pour en tracer la marche et l'assurer. C'est ce qu'il nomme *instantiæ*, et que M. LA SALLE traduit par *exemples*. Pour chacune de ces *instances*, BACON définit d'abord, sous un point de vue général, son usage particulier dans toute recherche, puis il donne des exemples d'application; et c'est ainsi que ce livre traite d'une grande variété de sujets particuliers. Il définit la huitième *instance* dans l'Aphorisme XXX, au tome V, page 289 de la traduction.

« Nous mettons (dit-il) au huitième rang, « les *exemples limitrophes* (*instantiæ limi-* « *taneæ*) auxquelles nous donnons aussi « assez souvent le nom de *participes* (d'exem- « ples de sujets *mi-parti*). Ce sont ceux où « se présentent certaines espèces qui semblent « être composées de deux espèces différentes, « ou n'être que des ébauches, des essais, « entre une espèce et l'autre. A proprement « parler, on pourroit ranger ces exemples-ci « parmi les exemples *monodiques* ou *hétéro-* « *clites*, vu qu'ils sont également rares et « extraordinaires dans l'immensité des choses. « Cependant, par leur importance, ils mé-

« ritent d'être classés à part, et de faire « l'objet d'une analise particulière ; car ils « fournissent d'excellentes *inductions* sur le « *mécanisme et la structure des composés* « *divers*. Ils dévoilent les causes du nombre « et des qualités distinctives des espèces les « plus communes dans l'Univers, et à l'aide « du fil de l'analogie, ils conduisent l'en- « tendement, de ce qui est, à ce qui peut « être.

« On peut regarder comme *limitrophes*, « les exemples suivants : la mousse, qui tient « le milieu entre la substance putride et la « plante ; certaines comètes, entre les astres « et les météores ignés ; les poissons volants, « entre les oiseaux et les quadrupèdes ; et « même cet animal grimacier qui ressemble « si fort à notre espèce ; enfin tous ces fétus « qui tiennent de deux espèces ou d'un plus « grand nombre ».

L'idée qu'exprime ici BACON n'est pas équivoque. Nos classifications des *êtres* sont un soulagement pour notre attention et notre mémoire ; car, à proprement parler, il n'y a dans la nature que des *espèces*, très-distinctes en elles-mêmes, quoiqu'au premier coup d'œil, avant que de les avoir suffisamment étudiées, et même, vu notre peu de pouvoir d'approfondir leurs essences distinctives, elles se rapprochent tellement à nos yeux, que les nuances entr'elles paroissent *infiniment petites ;* ce qui a donné naissance à une idée nommée la *chaîne des êtres*, qui est fort peu philosophique, comme je crois l'avoir montré autrefois dans un mémoire à la société de *Harlem*. Après avoir reconnu les caractères d'*identité*, qui forment les *espèces*, nous les rassemblons, par des caractères de plus en plus éloignés de l'*identité*, mais au moyen des circonstances *communes*, sous des titres de familles, genres, ordres, classes, règnes et autres subdivisions, pour retrouver ensuite dans ces *cases*, et par les *noms* qui leur ont été imposés avec leurs descriptions plus détaillées, les *espèces* que nous venons à observer, si elles ont déjà été remarquées et décrites. Cette méthode obligeant à des définitions de plus en plus exactes, à mesure qu'on étend la découverte des *espèces*, est le premier pas vers la connoissance de la nature des différents êtres, et de leurs rapports avec l'Univers. Or les *exemples limitrophes* sont très-utiles à cette recherche, en faisant toujours mieux sentir la nécessité de l'exactitude dans la détermination, soit des caractères des *espèces*, soit des titres de plus en plus généraux sous lesquels on les distribue ; et les *monstres*, ou *écarts de la nature* ainsi que BACON les nomme quelquefois, conduisent aussi, comme il le dit, à des *inductions* sur le *mécanisme* et la *situation* des *composés* divers. Cet *Aphorisme* a donc pour but une détermination plus exacte qu'on ne la faisoit autrefois, des *espèces* des *êtres* qui existent dans la nature. Or voici le commentaire qu'en fait M. LA SALLE, page 388, auquel sûrement on n'avoit pas lieu de s'attendre.

« *Ce sont ceux qui présentent certaines* « *espèces de corps, qui semblent être com-* « *posés de deux espèces différentes, et n'être* « *que des ébauches, des essais entre une* « *espèce et une autre.* Ceci nous rappelle « un système fameux, celui de l'*échelle des* « *êtres ;* système dont la connoissance nous « a conduit à une conjecture encore plus har- « die, qui flotte dans notre cerveau depuis « plusieurs années, et qu'une sorte de vif « besoin le force d'évacuer à tout risque : la « voici : *s'il est vrai, que* la nature passe « par degrés d'un espèce à l'autre, *et que*,

« dans le temps où notre planète étoit moins « refroidie, les *puissances génératrices* et « *fécondantes* y étoient dans toute leur vi- « gueur, chaque individu, dans chaque es- « pèce, ait eu *en lui seul* les *deux sexes*, et « la *faculté de se reproduire*, en se fécon- « dant lui-même : comme la nature suit « toujours, dans le même temps, les mêmes « gradations qu'elle suit dans le lieu, et pro- « duit, en un même lieu, dans des temps « séparés par un long intervalle de siècles, « des variations non moins grandes que les « différences qu'elle produit, en un même « temps, dans des lieux séparés par des es- « paces immenses, *il se pourroit* — que *toutes* « *les espèces fussent sorties d'une seule*, et « *cette espèce toute entière d'un seul indi-* « *vidu*, qui s'ébranchoit, pour ainsi dire, « par degrés, et de manière que les êtres issus « de lui, se ressemblant de moins en moins « les uns aux autres, et différant aussi de « plus en plus du *moule primitif*, finirent « par différer autant les uns des autres, et « de cet individu qui étoit la souche com- « mune, que la racine, la tige, les branches, « les feuilles, les fleurs et les fruits d'un

« arbre, diffèrent les uns des autres et de la « semence dont ils sont sortis ».

M. LA SALLE a donc voulu publier ce rêve athéistique! lui qui, ailleurs, aime à considérer Dieu comme donnant l'âme et la vie à l'Univers : et après avoir *satisfait ce besoin à tout risque*, il se glorifie de s'être rencontré avec DIDEROT ; l'un de ces hommes dont BACON a dit : « que, *dédaignant l'alphabet* « de la nature, et après avoir *jeté un coup* « *d'œil* sur l'observation et l'expérience, *ils* « *invoquent leur génie pour qu'il leur rende* « *des oracles* ». M. LA SALLE n'ayant pas fait attention à cette définition d'une classe de prétendus savants, qu'il a cependant traduite au tome I, page 163, je le rappellerai de nouveau à lui-même.

Comme préface à sa traduction du *Novum organum*, il en donne un résumé suivi; pour que le lecteur sache à l'avance de quoi traite cet ouvrage, et qu'en ayant ainsi une première idée distincte, il en suive avec plus de facilité et d'intérêt les longs détails : il y fait parler BACON, mais l'arrangement, la concentration des idées est de lui, elles ont son approbation, et c'est comme s'il parloit lui-même.

même. Or on y lit ce qui suit, à commencer à la page XLII du IVe. volume.

« Le précepte de la seconde espèce con-
« sidère par quelle *gradation* de *substance* et
« de *mouvement* la nature, dans son cours
« ordinaire, *transforme* un composé d'une
« espèce en un composé d'une autre espèce.
« Cette seconde méthode ne remonte pas
« jusqu'aux lois *les plus générales*; mais elle
« semble, par cela même, plus à la portée
« de l'homme.

« Or, à ces mots *progrès cachés*, nous
« n'attachons pas la même signification que
« la plupart des hommes, qui ne considèrent
« dans chaque opération que le *commence-*
« *ment* et la *fin*; que l'*application de l'agent*,
« et le *résultat*, ou, tout au plus, divisant
« sa durée en un certain nombre de parties
« beaucoup trop grandes, et qui observent,
« pour ainsi dire, *par sauts*. Mais nous par-
« lons d'une vraie continuité; nous disons,
« qu'il faut observer sans la plus petite *in-*
« *terruption*, et suivre *toute l'opération* sans
« la perdre de vue.

« Ce que nous disons de la *génération* et
« de la *formation* des corps, il faut l'appli-
« quer à toutes les espèces d'*altérations* et de

« *changements* moins grands et moins sen-
« sibles.

« La découverte des *textures cachées* des
« composés considérés dans un *état fixe*,
« n'est pas moins nécessaire que celle de l'*ac-*
« *tion progressive* par laquelle ils passent
« d'une forme à une autre, et en vain se
« flatteroit-on de pouvoir opérer des *trans-*
« *formations*, tant qu'on ne connoîtra pas
« l'*intime constitution* des corps à trans-
« former.

« Or cet objet est assez mal rempli par
« l'*anatomie* ordinaire, qui ne considère que
« les parties sensibles des composés qu'elle
« analise, et ne saisit, pour ainsi dire, que
« ce qui est sous la main.

« Les *distillations* et autres procédés
« d'*analises chimiques*, qui tendent à réu-
« nir les parties homogènes des composés, et
« à séparer les parties hétérogènes, nous
« mettant ainsi en état de découvrir et de
« distinguer leurs *éléments constitutifs*, ont
« un rapport plus direct à notre objet actuel.
« Mais ce but, *on le manque souvent à force*
« *d'y tendre*; car le *feu*, et les autres *agents*
« *trop puissants*, qu'on emploie ordinaire-
« ment pour ces décompositions, détruisent

« ou altèrent considérablement les *textures* « qu'on veut connoître. Quelques-unes de « ces *textures* sont le produit du *feu* même, « ou des autres agents *perturbateurs*, et « *n'existoient pas auparavant* dans le com- « posé.

« Par exemple, il faut chercher quelle est « la *nature* et la *quantité*, soit de l'*esprit* « (fluide subtil) soit des *parties tangibles* « qui se trouvent combinées dans chaque « corps; la quantité respective, ou la pro- « portion de ces deux genres de substances; « la grandeur, la figure, la situation respec- « tive, soit des parties tangibles, soit des « pores ou interstices qu'elles laissent en- « tr'elles; la manière dont l'*esprit* se trouve « logé dans le composé et distribué entre ses « parties; la manière dont il y agit, etc.

« En suivant cette marche, nous procéde- « rons du *simple* au *composé*, du *vague* au « *défini*, des raisons *sourdes* aux raisons *dé-* « *terminables*, de l'*incommensurable* au « *commensurable*; à-peu-près comme l'en- « fant qui, en apprenant à lire, épelle les « lettres de l'alphabet; ou comme le musi- « cien qui, pour apprendre à former des

« accords, en étudie les sons élémentaires « un à un.

« De ces deux genres d'axiomes ou de pré- « ceptes dont nous venons de parler, se tire « la vraie division des sciences et de la phi- « losophie.

« La recherche des causes *finales* et *for-* « *melles*, est l'objet de la *métaphysique*.

« Celle des causes *matérielles* et *efficientes*, « du *progrès caché* et de la *texture intime* « *des corps*, est l'objet de la *physique* ».

Voilà ce que M. LA SALLE a résumé lui-même des préceptes de BACON, dont le développement constitue une grande partie du *Novum organum*. Là il a dû comprendre en particulier, pourquoi ce philosophe renvoyoit les *causes finales* à la *métaphysique*; c'est qu'il n'est pas possible d'en raisonner avec le moindre degré de certitude, avant qu'on ait bien compris en quoi consistent les causes *matérielles* et *efficientes*, et leurs différentes *actions* sur des *substances* déterminées; connoissances dont les résultats généraux doivent former la *métaphysique*, dans laquelle se déterminent enfin les *causes formelles*, comme devant encore précéder la recherche des *causes finales*, ou des *fins* attribuées à une intelligence suprême. Il avertissoit donc, et très-fréquemment, de ne pas mêler trop tôt à la *philosophie*, la *théologie*, c'est-à-dire la question de l'existence d'une *cause première intelligente*, dont nous avons la certitude par la *révélation*; de peur qu'avant que d'être en état de *marcher* dans les recherches sur la nature; avant que d'avoir bien discerné, et *sans interruption*, le passage de l'*application d'un agent*, à un *résultat*, on n'allât *par sauts* de l'une à l'autre; et que dans cette marche, *flatteuse pour l'orgueil*, comme le reconnoît M. LA SALLE, on ne s'imaginât pouvoir se passer d'un *être créateur* de tous les *êtres*.

Voilà, dis-je ce que M. LA SALLE a constamment eu sous les yeux en traduisant BACON; son jugement y a sûrement acquiescé, puisqu'il en a donné une idée si exacte dans le passage qui précède. Cependant, quel *saut* plus inconsidéré, plus opposé à toutes les règles si bien détaillées dans ce passage, plus contraire même à celles du *devoir*, dans un objet si éminemment intéressant pour l'humanité, que de passer ainsi de l'*application* d'un *agent* qu'il n'a pas même appris à connoître, la *chaleur* ou les *rayons du soleil*, agissant sur des *substances* qu'on ne connoît encore que très-peu, savoir les éléments terrestres; de passer, dis-je ainsi à un *résultat* inconcevable pour nous, la *production* des *êtres organisés*! Et sous quelle forme encore présente-t-il ce résultat! Sous celle d'un *individu* qui a dû servir de *moule* à toutes les espèces *propageantes* qui existent : tandis que tout l'ensemble des recherches qui ont été faites, avant et après BACON, ne nous a pas avancé d'un pas vers le *procédé secret* de la simple *propagation* de ces êtres, quoique nous en voyions constamment les effets. Et pourquoi une marche si inconsidérée, qui devient même si ridicule? C'est pour se passer de l'existence d'un être, dont il sent néanmoins que l'idée est seule capable de donner l'*âme et la vie* à la nature, de *consolider* la *morale*, et d'engager les hommes à être *vertueux*!

La dernière des *notes* de M. LA SALLE que je me suis proposé d'examiner, servira à faire comprendre, comment il a pu se livrer à tout ce qui lui venoit à l'esprit sur les *êtres organisés* de notre globe; c'est qu'il ne croyoit pas qu'on pût rien déterminer de certain sur leur histoire. Il paroît ignorer, comme bien d'autres naturalistes, que la *géologie* est arrivée au rang des *sciences exactes*; de ces sciences dans lesquelles on ne peut plus rien mêlé d'arbitraire, sans qu'il ne soit écarté par des connoissances certaines, qui leur servent de fondement, et qui en fixent déjà diverses parties dans des places déterminées. Il ne savoit pas, par exemple, que l'histoire des *êtres organisés* marche parallèlement avec celles des *couches minérales* sur notre globe, et de son *atmosphère*; qu'on discerne dans ces *couches*, par les *dépouilles* qu'ils y ont laissés, la première période où ces *êtres* ont commencé d'exister; qu'on y voit quelles furent leurs premières espèces; et que leur *succession* elle-même est au nombre des *mouvements* par lesquels nous retraçons les opérations physiques successives qui ont eu lieu sur notre globe. Je n'ai pu trouver dans toutes les notes et commentaires de M. LA SALLE, d'autre source de ses idées géologiques, que les *aperçus* de M. DE BUFFON, et il en dérive les conséquences les plus importantes, quoiqu'on l'ait vu, quand il s'occupoit de règles générales, poser avec beaucoup de justesse, celles *que le physicien doit suivre pour n'être pas long-temps séduit par des aperçus éblouissants.*

La note *géologique* dont je veux parler, se trouve encore placée à l'un des *Aphorismes* de BACON qui auroit dû la prévenir le plus sûrement ; c'est le XXVII du livre II du *Novum organum*, où ce philosophe traite d'une classe de *faits* qui se présentent dans presque toutes les recherches, et qu'il nomme les *instances de conformité ;* montrant en même temps, et leurs *usages*, et l'*abus* qu'on peut en faire. La traduction de cet *Aphorisme* est au tome V, page 263.

« Nous plaçons (dit BACON) au sixième « rang parmi les *prérogatives* des *faits*, les « exemples de *conformité* et d'*analogie*, que « nous désignons aussi quelquefois par les « dénominations de *parallèles* et de *simili-* « *tudes* physiques. Ce sont ceux qui montrent « en effet les *similitudes*, les *convenances*, « les *analogies* des choses ; non les *formes* « *mineures* (ce qui est la fonction des *exem-* « *ples constitutifs*), mais dans les *composés* « mêmes (dans le concret). Ces exemples « sont comme le *premier étage*, les *premiers* « *degrés* par lesquels on s'élève à l'*unité* dans « la *nature*. Ce n'est pas qu'ils puissent ser-

« vir *dès le commencement* à établir tel ou « tel *axiome ;* leur destination est seulement « d'*indiquer* certaine *corrélation* entre les « *corps* ».

Tel est l'objet de cet *Aphorisme*. Il s'agit d'une des règles de l'*analogie* en physique ; celle qu'on doit suivre, lorsqu'au premier coup d'œil, on découvre quelque chose de *semblable* entre deux *phénomènes*, de l'un desquels les *causes* sont connues. C'est-là sans doute comme un premier *indice* qu'il y a quelque *rapport* entre les *causes ;* mais s'agissant d'objets déjà *composés*, le *rapport* de *causes* est rarement *immédiat*, et il peut même se trouver entre des circonstances qui n'intéressent point l'objet dont on s'occupe. Il faut donc apprendre à distinguer, dans les premiers *aperçus*, ce qui est essentiel d'avec ce qui ne l'est pas, sans quoi l'on peut tomber dans de grandes erreurs. BACON pose donc sur cet objet la règle générale suivante, page 275.

« Ces *rapprochements* ne doivent être faits « qu'*avec précaution* ; ils exigent de la *cir-* « *conspection* et de la *sévérité*. Il ne faut « donner ce nom d'*exemples de conformité*, « *d'analogies*, qu'aux *faits* qui (comme nous « l'avons dit en commençant) présentent des

« *similitudes physiques ;* c'est-à-dire, *réelles*, « *substantielles*, qui ayent leurs *racines* « dans la *nature même ;* et non des simili- « tudes *hasardées* ou *spécieuses* ».

Après cet avertissement, destiné à empêcher qu'on ne se livre, d'après de premières *apparences*, à des conclusions qui n'auroient aucun fondement réel, il pense qu'on ne doit pas les négliger, parce qu'ils sont un acheminement à l'examen, et il en donne l'exemple suivant.

« Il ne faut pas négliger (dit-il) la *con-* « *formité* relative à la *configuration* du *globe* « *terrestre*, du moins quant à ses grandes « parties. Telles sont par exemple, l'*Afrique* « et la région du *Pérou*, y compris les par- « ties méridionales du même continent, les- « quelles s'étendent aussi et s'allongent jus- « qu'au détroit de Magellan : car sur ces deux « *continents* on voit des *isthmes* et des *pro-* « *montoires* tout semblables ; ce qui ne sera « pas arrivé par hasard, et doit être l'effet « d'une cause commune. Il en est de même « du nouveau monde et de l'ancien, com- « parés ensemble dans leur totalité ; car tous « deux sont fort larges vers le Nord et fort « étendus de l'Est à l'Ouest, mais au con-

« traire tous deux fort étroits, et d'une fi-« gure qui va en s'aiguisant de plus en plus « vers le Midi ».

BACON se borne à indiquer cet exemple de *conformité ;* il n'en conclut rien, parce que la *géologie* n'étoit pas même née de son temps : mais c'étoit un des objets dont il désiroit le plus qu'on s'occupât, comme en embrassant un grand nombre d'autres, et devant conduire à la physique de l'Univers. C'est pourquoi il lui arrive souvent de choisir parmi les phénomènes qui s'y rapportent, des exemples de l'application de ses règles à l'égard de ce qu'il nomme les différentes *prérogatives* des *faits*, espèces de *catégories* qui présentent d'abord à l'esprit les diverses faces par lesquelles les *faits* peuvent être appliqués à tout objet de recherche. Mais à côté de l'*usage*, il plaçoit toujours des avertissements contre les *abus ;* car il savoit bien, et il l'avoit dit : « que l'entendement humain a « plus besoin qu'on lui attache des *poids* que « des *ailes* » ; qu'il a une grande pente à *conclure*, même souvent, sans avoir embrassé tout ce qui est déjà connu sur les objets dont il s'occupe. Or voilà ce dont M. LA SALLE, après avoir traduit cet *Aphorisme*, donne immédiatement un exemple à l'égard des *continents terrestres* mêmes.

« L'*Océan méridional* (dit-il, dans une « note), *après s'être porté* dans le *bassin* « de l'Atlantique, ou plutôt *après l'avoir* « *formé*, a *dû*, par sa *pression latérale*, « combinée avec les vents et les marées, *ai-* « *guiser* de plus en plus les deux *caps*, et « *ronger* latéralement les deux *continents* « jusqu'à ce que, *rencontrant le roc*, il ne « pût désormais dégrader que fort lentement. « Et cela *il a dû* le faire, *par la même* « *raison* que, partout ailleurs l'*eau*, aigui- « sant d'un côté et creusant de l'autre, forme « ici de petits *golfes*, et là de petits *promon-* « *toires ; comme* on peut l'observer dans tous « les cantons où il y a beaucoup de *ruisseaux* « et de *saignées*. Si vous *faites couler* une « certaine quantité d'*eau* sur une *terre* où il « y ait des parties plus *élevées* et plus *dures* « que les autres, l'*eau*, en *coulant* à droite « et à gauche de ces parties qu'elle ne peut « surmonter ni entamer, formera nécessai- « rement une *pointe*. De plus, comme, en « ce monde, il n'est, en aucun temps ni « aucun lieu, de parfaite égalité, lorsque, « soit dans le *lit d'une rivière*, soit dans le

« *bassin de la mer*, l'eau *appuye* plus d'un « côté que de l'autre, elle creuse du côté où « elle *appuye*, et aiguise du côté opposé, « comme l'a prétendu M. DE BUFFON. (Voyez « la *Théorie de la terre*) ».

Les objets ici *comparés*, quant à l'effet de l'*eau* sur ses *bords*, sont le *lit d'une rivière* et le *bassin de la mer*. Or y a-t-il quelque *analogie physique*, trouve-t-on une de ces *conformités* dont la *racine* soit dans *la nature des choses*, entre l'eau *contenue dans un bassin*, et l'eau *qui coule dans le lit d'une rivière ?* « Si vous *faites couler* (dit M. LA « SALLE) une certaine *quantité d'eau* sur « une *terre* où il y ait des parties *élevées* et « plus *dures* que les autres.... » Eh! bien — on sait l'effet que cela produira; mais vous voulez *faire couler* tout-à-coup l'*Océan*, pour qu'il *forme* le *bassin de l'Atlantique*; voici donc à quoi vous vous engagez, pour établir l'*analogie*. 1. A montrer comment l'*Océan* étoit retenu dans un lieu *élevé* avant cette opération. 2. Quelle *cause* a rompu sa *digue*. 3. Pourquoi il a *dû* trouver un sol *meuble* et *bas*, comparativement à des parties plus *élevées* et plus *dures*, au *roc* en un mot, qui devroit avoir limité son opération. Telle est indubitablement la manière dont un *exemple de conformité* devoit être appliqué dans le cas présent, pour qu'il eût sa *racine* dans la *nature de la chose :* or dès que la *règle* y paroît, la prétendue *analogie* s'évanouit.

L'idée encore de l'eau *appuyant* plus d'un côté que de l'autre, n'a ici aucune application, à moins qu'elle ne soit plus déterminée. Dans l'état d'*immobilité*, l'eau *appuye* également tout autour d'un bassin; il faut donc la supposer en *mouvement*, et même dans un lit *tortueux*, pour qu'il en résulte une différence d'action sur ses bords. On sait ce qui a lieu à cet égard dans les *rivières*, à cause de la *pente* et de la *continuité* du *courant*, qui se porte plus sur certains bords que sur d'autres : mais quelle est encore ici l'*analogie* entre les *rivières* et l'*Océan ?* Celui-ci n'opère sur ses *bords*, que par les *vagues* et les *marées*, et par les *courants* résultants de la cause de celles-ci. Or ces opérations ont été très-exactement décrites par ceux qui ont pris soin de les étudier; il n'en résulte que les mêmes effets sur toutes les côtes; elles *attaquent* les *caps*, et *comblent* au contraire les *anses*. Ces opérations simultanées sur les mêmes côtes, *commencèrent* dès que la mer occupa son lit actuel ; elles *continuent*, et par les effets *produits*, comparés à leurs *progrès* mesurables, elles sont l'un des *chronomètres* de divers genres d'après lesquels il a été conclu, que nos *continents* ont peu d'*ancienneté*.

Voilà, j'ose l'assurer, qui est inébranlablement fixé en *géologie*. Or vouloir continuer aujourd'hui sur ce grand objet de *hasarder* des *hypothèses* comme on le faisoit quand il n'y avoit encore rien de certain, et rendre ainsi inutile le progrès de l'observation, n'est certainement pas digne d'un philosophe, tel que pourroit l'être M. LA SALLE, s'il ne consultoit que son propre jugement. Cependant, on ne peut lui reprocher que d'avoir voulu faire des systèmes en *géologie* sans l'avoir étudiée ; mais on a lieu d'être étonné de trouver les mêmes erreurs chez des personnes qui paroissent en faire spécialement l'objet de leurs études : ce dont j'ai ici en vue un exemple récent, par lequel je finirai.

*Remarques sur l'*ESQUISSE D'UN TABLEAU GÉOLOGIQUE DE L'AMÉRIQUE MÉRIDIONALE, *par F. A.* HUMBOLDT; (Journal de Physique, tome LIII, Ier. cahier).

Ce mémoire renferme nombre de faits très-importants pour la géologie, et l'auteur lui-même en augmente l'intérêt, par le zèle peu commun qu'il manifeste depuis quelques années pour l'étude de la nature; bravant les obstacles et les périls dans un voyage *autour du Monde*, après s'être occupé dans sa patrie, la Prusse, de *minéralogie*, de *chimie*, de *botanique*, de *mathématiques*, d'*astronomie*. Mais il a trop embrassé en si peu de temps; son ardeur le fait courir à la surface des choses, de pays en pays, d'hémisphère en hémisphère; et avant que les objets de la nature, si rapidement entassés dans son esprit, s'y soient arrangées sous leurs vrais rapports, pour s'éclairer les uns les autres, il se livre à des systèmes, non seulement *géologiques*, mais *cosmologiques*. Son entreprise de voyages empêchera qu'il ne voie de long temps mes remarques; car de l'Amérique méridionale, d'où d'où il a envoyé ce mémoire, il devoit passer à la Havane, au Mexique, aux Philippines et à la Chine, suivant une lettre à M. DELAMÉTHERIE qui suit ce mémoire. Mais si, lorsqu'il reviendra muni de matériaux pour l'histoire de la terre, ces remarques lui tombent entre les mains, elles serviront peut-être à confirmer celles qu'une plus longue étude de ces objets et plus de réflexion lui auront fait naître, c'est pourquoi je les dépose ici.

M. HUMBOLDT me fournira d'abord un exemple de ce que j'ai dit dans la Iere. PARTIE de cet ouvrage, d'un changement arrivé depuis un demi-siècle dans la marche des sciences. On ne veut point, dit-on, de *systèmes généraux ;* et l'on en donne pour raison, que les hommes ne sauroient y atteindre avec quelque certitude ; on veut donc s'en tenir aux *faits;* et cependant, ceux qui semblent s'être voués à cette marche, sont souvent ceux qui entrelacent les *faits* de plus d'*hypothèses générales :* on diroit qu'ils les emploient seulement pour diminuer la sécheresse des *faits*, d'après le peu de soin qu'ils prennent pour les examiner. Prévenus de l'opinion qu'on ne peut rien trouver de certain dans la nature, ils n'ont jamais tenté de suivre cette marche rigoureuse des recherches, qui arrête les écarts de l'imagination. Leur esprit est toujours en mouvement pour amasser de *nouveaux faits;* et comme ils courent à la surface des choses, ils se contentent aussi de feuilleter les ouvrages des naturalistes qui suivent la marche, plus laborieuse sans doute que brillante, tracée par BACON; celle de s'attacher d'abord aux phénomènes *communs*, qu'on ne peut laisser en arrière dans les recherches sur la nature, sans y briser des *palissades*, pour dérober des fruits avant leur maturité.

« Nous connoissons les *pierres* et non les « *montagnes* », dit M. HUMBOLDT dans son préambule (*page* 31). Voilà ce qu'on auroit pu dire il y a 20 ans, et que bien des naturalistes croient encore aujourd'hui; mais c'est ce qu'on ne peut plus dire avec raison, quand on a lu attentivement les ouvrages de M. DE SAUSSURE et de quelques autres observateurs, comme j'aurai occasion de le faire voir. « Puissé-je me flatter (continue-t-il), que « parmi le *grand nombre d'objets* qui m'oc- « cupent dans ce *voyage autour du monde*, « mes recherches servent à répandre quelque

« jour sur la construction de notre globe! » Il est certainement à espérer que son voyage aboutira finalement à ce but; mais l'effet en seroit plus prompt si, dans ses *descriptions*, il s'en étoit tenu à ce qu'il paroissoit se proposer quand il écrivoit : « Ces idées (dit-il) « forment une science *certaine* et *nouvelle*, « parce qu'elles se bornent à la *partie des-« criptive :* elles tracent le tableau du monde « *tel qu'il est*, et non *le mode* par lequel *il « s'est formé*. La *géologie* n'est devenue une « science *incertaine*, que depuis que l'*ima-« gination* des hommes s'est attachée à cette « partie de l'*histoire* qui manque presque « totalement de *traditions* et de *monuments* ». Voilà donc qui sembleroit manifester une résolution bien déterminée, de ne pas se livrer à l'*imagination* quant à l'*histoire* de la terre.

Voyons encore le doute qu'il exprime sur l'intelligibilité du plus grand des *monuments* de cette *histoire*, celui sur qui tout y repose, les *couches minérales*. « Avant que « de décrire les *couches* que j'ai reconnues « depuis l'*Équateur* jusqu'à la côte de la pro-« vince de Venezuela, jetons (dit-il) un

« coup d'œil sur la *forme* du *continent*. Mal« heureusement nous manquons presque en« tièrement de *données* pour servir de base « à notre raisonnement. Depuis un demi« siècle on a ramassé quelques matériaux « curieux, mais *aucune idée* qu'on puisse *nom« mer géologique* n'est *devenue publique* ». Voilà donc son opinion sur ce qui a été *publié* quant à la *géologie*. Car quoique ceci paroisse se rapporter à l'*Amérique méridionale*, on voit par ses descriptions, que cette partie du globe ne diffère des autres en rien d'essentiel, quant aux *couches minérales ;* de sorte que les conséquences tirées des observations faites à cet égard sur notre continent, doivent, si elles sont exactes, s'appliquer à celui-là. C'est donc dans ces conséquences qu'il ne trouve encore rien qu'on puisse *nommer géologique ;* et c'est pour cela qu'il vouloit se borner à la *partie descriptive*, renvoyant à son retour, après tout ce qu'il auroit recueilli dans ce long voyage, de chercher à en tirer des conséquences. « Si j'ai (dit-il) le bonheur de « retourner, et de retrouver les manuscrits « géognostiques que j'ai laissés en France et « en Allemagne, je dois espérer de pouvoir

« *hasarder* un tableau général de la *char-*
« *pente de notre globe* ». Tel est le plan ; voyons-en l'exécution.

Après avoir décrit des *cordillères*, ou *chaînes de montagnes*, dans l'Amérique méridionale, il dit, page 33 : « On peut suivre ces chaînes
« *au-delà de l'Océan*, à l'Est, dans l'*an-*
« *cien continent*, et l'*on voit* que, sous la
« même hauteur du pôle, les *montagnes*
« *primitives* des gouvernements de Fornan-
« bouc et Minas, de la Bahia et de Janegro,
« correspondent avec celles de Congo ; que
« l'immense plaine de l'Amazone, se trouve
« vis-à-vis des plaines de la basse Guinée ; la
« cordillère des Cataractes, vis-à-vis de la
« haute Guinée ; et les Llanos du Missis-
« sipi, engloutis par les flots *lors de l'irrup-*
« *tion du golfe du Mexique*, vis-à-vis le
« désert de Serah ». Je passe sur cette comparaison, quoiqu'elle soit beaucoup trop vague pour qu'on puisse en tirer aucune conséquence géologique ; et je ne l'ai rapportée qu'à cause de ce qui suit, où l'on verra reparoître l'idée de M. LA SALLE sur l'origine de l'*Atlantique*, avec bien d'autres hypothèses qui procèdent de la même source.

« Cette idée (continue M. HUMBOLDT)

« paroît moins hasardée, lorsqu'on envisage « l'ancien et le nouveau continents comme « *séparés par la force des eaux*. La forme « des côtes, les angles saillants et rentrants « de l'Amérique, de l'Afrique et de l'Eu- « rope, annoncent *cette catastrophe*. Ce que « nous nommons *Océan Atlantique* n'est « qu'*une vallée creusée par la force des eaux*. « La forme pyramidale de tous les continents, « dont la pointe est dirigée au Sud; le plus « grand applatissement du globe au pôle aus- » tral, et d'autres phénomènes observés par « R. FOSTER paroissent prouver, que l'*im-* » *pulsion* des eaux *venoit du Sud*. Trou- « vant de la résistance sur la côte du Brésil, « depuis Rio-Janeyro jusqu'à Fernanbouc, « elles se *dirigèrent* depuis 50 ° lat. b, au « Nord-Est, en *creusant* le golfe de Guinée « près de Loango, Benin et Minc; delà, les « montagnes de la haute Guinée les *forcèrent* « *de se porter* au Nord-Ouest, détruisant « jusqu'à 23 ° lat. b, les côtes de la Guiane, « du Mexique et de la Floride. *Retenues* par « la haute cordillère des États-Unis, elles « *se détournèrent* une *seconde fois* vers le « Nord-Est, épargnant moins les côtes Occi- « dentales de l'Europe que celles du Nord de

« l'Amérique. Ce *canal* est le moins large « au Brésil et au Groenland ; mais la *géo-* « *graphie* des *animaux* et *végétaux* paroît « indiquer, qu'*il se forma* dans un temps « où aucun ou peu des *germes d'êtres orga-* « *nisés* ne s'étoient *développés* sur le globe. « Il seroit très-intéressant pour la géologie, « si, dans une navigation faite aux frais d'un « gouvernement, on faisoit rechercher la « *direction*, *l'inclinaison* et le *rapport* des « *couches* que présentent les angles saillants « et rentrants de l'Afrique et de l'Amérique, « on y découvroit les mêmes analogies que « l'on observe au Pas-de-Calais, au Sund, « aux colonnes d'Hercule et à l'Hellespont, « *petites irruptions* aussi *récentes* que les « *formations secondaires* de la *Roche cal-* « *caire* du Jura, de Pappenheim, de la « Manca, de Marseille, du Derbyshire et « de Suez, qui ne sont qu'un *seul dépôt* « formé dans *un même temps* ». Quelle accumulation d'*hypothèses* pour quelqu'un qui ne vouloit que *décrire* !

Je ne répéterai pas ce que j'ai dit de la même idée exprimée par M. LA SALLE. Un *courant* capable de *creuser* tout-à-coup une *vallée* qui occupe un tiers de la circonférence du globe, sans indication du lieu où se trouvoit retenue auparavant la masse d'eau capable de produire cet effet, ni quelle cause a rompu sa digue, est peut-être la plus étrange *hypothèse* qui ait été formée sur aucun sujet. Et quand on parle d'un *courant* qui, en se formant *au Sud*, va d'abord *frapper* l'Amérique, *se jette* ensuite sur l'Afrique, pour *retourner* plus au Nord sur l'Amérique, et *revenir* contre l'Europe; comme on parle d'un *torrent* formé dans les montagnes par une fonte rapide des neiges, qui, dans son cours violent, vient frapper quelque terrein, par lequel il est repoussé vers l'autre rive; on ne sait plus jusqu'où iront ces écarts de l'*imagination*, qui conduisent M. Humboldt à considérer la *géologie* comme une *science incertaine*, quoiqu'il paroisse s'en occuper fortement. Mais c'est déjà dans les effets attribués aux *eaux courantes*, qu'ont pris naissance toutes ces hypothèses imaginaires sur l'action des *eaux*, qui jettent un voile sur la géologie, et c'est cet objet auquel j'aurai occasion de revenir.

Une autre *hypothèse* de la plus grande importance, introduite par quelques mots seulement, dans le cours de celle-là, est celle qui concerne les *êtres organisés*. M. LA SALLE avoit cherché à en produire les *moules*; M. HUMBOLDT ne se donne pas tant de peine, il en suppose les *germes* parmi les substances de notre globe, et n'ayant besoin que de certaines circonstances pour se *développer*, il n'a pas cherché à savoir s'il s'entendoit en écrivant ces mots; c'est une formule usitée parmi ceux qui supposent que nous ne pouvons rien savoir de l'*origine* de ces êtres, parce qu'ils pensent, comme M. HUMBOLDT, que nous n'en avons point de *tradition* : oubliant celle de la *Genèse*, à laquelle cependant il faut enfin avoir recours, à moins qu'on ne préfère l'ignorance, ou des chimères telles qu'on les va voir.

M. HUMBOLDT pense, que le *développement* de ce qu'il nomme les *germes* des *êtres organisés* sur notre globe, est *postérieur* à l'époque où l'Océan *creusa* la *vallée* qui renferme l'*Atlantique*; et c'est ce qu'il dit être indiqué par la *géographie* des *végétaux* et *animaux*; par où il doit entendre les *lieux* où l'on trouve leurs anciennes dépouilles, enfouies dans des *couches minérales*. Or ces lieux sont jusqu'à des *élévations* très-considérables au-dessus de l'*Atlantique ;* à 800 toises déjà suivant sa propre observation en Amérique, et bien plus haut encore suivant celles de Don ANTONIO D'ULLOA, et à plus de 1000 toises en Europe, dans les Alpes. Les corps qui s'y trouvent sont *marins :* comment donc la *mer* est-elle retournée à cette élévation, *après* avoir *creusé* la *vallée* de l'*Atlantique* à un niveau si inférieur ? M. HUMBOLDT ne le dit point, mais il faut bien qu'il suppose le retour de la mer à cette hauteur; non seulement puisqu'il croît que la naissance des *êtres organisés* marins dont on y trouve les dépouilles, est *postérieure* à la formation du *bassin de l'Atlantique ;* mais puisqu'il regarde comme comparativement *récentes*, les *couches calcaires* qui contiennent ces dépouilles au *Jura*, à *Pappenheim*, à la *Manca*, à *Marseille*, en *Derbyshire*, à *Suez ;* ce qu'il dit n'être *qu'un seul dépôt*, *formé dans un même temps*. Cependant au moins il n'a pas adopté la fable *Buffonienne* sur la formation des substances *calcaires* par les *animaux marins ;* chimère qui a si généralement régné parmi les naturalistes, et que plusieurs retiennent même encore ; tant les préjugés ont de peine à être déracinés, quand une fois ils sont devenus à la mode (*).

(*) J'ai trouvé une singulière modification de cette hypothèse, dans un Mémoire *sur quelques nouvelles espèces de Discolites*, par M. ALBERT FORTIS (*Journal de Physique, tome* LII.) Ce n'est encore que l'annonce d'un ouvrage plus détaillé sur ce genre de fossile, que M. FORTIS paroît avoir bien étudié ; mais d'un petit fait, d'un individu de ce fossile qui se trouvoit rongé par quelqu'animal marin, passant à une grande idée géologique, il dit (*p.* 114) : « Ce moyen, dont la *nature* se sert *encore actuelle-* « *ment* sous les eaux pour *remettre en circulation* « la *terre calcaire*, mérite de *profondes considéra-* « *tions* ». Après ce préambule M. FORTIS pose des faits qui sont vrais. « Ce ne sont pas seulement (dit- « il) tous les testacés, du plus invisible et micros- « copique, jusqu'à celui de la plus grande taille, qui « se trouvent attaqués, criblés, et dissous par d'in- « finiment petits *vers* lithontriptes, mais aussi les « fragments de la *pierre calcaire* déjà parvenue de- « puis *des milliers de siècles* au plus fort degré de « compacité ». Depuis *des milliers de siècles* est une première hypothèse; après laquelle M. FORTIS fait la question suivante. « Quel est l'observateur de la na- « ture qui *oseroit* proposer, même par approxi- « mation, des conjectures sur l'*époque* où ces *opé-* « *rations alternatives* de *décomposition* et *recom-* « *position* ont commencé à avoir lieu? Et *combien* « *de fois s'est renouvellée* cette *suite de révolutions*

M. HUMBOLDT, comme on l'a vu, attribue les *couches calcaires* à des *dépôts* formés partout dans une même période ; et dans la description de celles qu'il a observées en Amérique, il en trace les rapports avec les *corps marins* par des caractères que j'oppose aux idées de M. FOURCROY sur cet objet, dans l'*Introduction à la physique terrestre* dont j'ai déjà parlé; ouvrage où j'examine la nouvelle théorie chimique plus profondément que je ne l'avois fait encore, et qui est prêt à aller sous presse. Voici ces passages de M. HUMBOLDT, commençants à la *p.* 48. «LA

« *lentement majestueuses*, qui étonne l'*imagina-* « *tion* sans effrayer la *raison ?* » La *raison* ne s'effraie, ou plutôt ne s'étonne de rien, quand elle n'est pas éclairée. Je répondrai donc à M. FORTIS, que les observateurs qui *oseront* résoudre son problème, seront ceux qui, portant autant d'attention sur les grands objets de la nature, qu'il en porte sur les petits, ont observé; qu'à partir des *couches primordiales*, il règne une succession de *dépôts calcaires*, sans *renouvellement*, contenants déjà ces *testacés* criblés par les *vers lithontriptes ;* et qui savent aussi, que depuis l'existence de la *mer actuelle*, ou le transport de l'*ancienne* dans son nouveau lit, dont l'époque n'est pas bien éloignée, il ne s'y forme plus de pareilles *couches.*

« CONDAMINE (dit-il) racontoit à ses amis, « qu'au Pérou et au Quito il n'avoit vu au- « cune *pétrification ;* cependant la cordillère « de Quito n'est pas comme celle de Parime, « un granit tout nud, car près de Cuença et « au sud, il y a du *gypse* et de la *pierre cal-* « *caire secondaire.* BUFFON agite beaucoup la « question (*époques de la nature*) si l'Amé- « rique méridionale contient des *pétrifica-* « *tions ;* j'en ai trouvé en immense quantité « dans une formation de *grès calcaire* qui « couvre les pentes septentrionales et méri- « dionales de la côte de Venezuèla, depuis « les cîmes de St-Bernardin et los altos de « Conoma, jusqu'au cerro de Méapire, ou « la pointe de Puria et la Trinité..... (*P.* 49.) « Plus rares, et dans des positions bien « différentes, se trouvent ces *coquilles pétri-* « *fiées* que contient une formation de *roche* « *calcaire dense*, bien plus ancienne que le « *grès* et le *gypse*, ce sont des *anomia* des « *terétratulites.....* couchées *par familles*, « et indiquant (comme celles du Mont-Sa- « lève près de Genève, du Heinberg près de « Gottingue, et de Jenæ) qu'elles vivoient « dans l'endroit même où on les trouve pé- « trifiées; elles *ne sont pas dispersées* dans

« toute la masse de la *roche calcaire*; non, « elles sont *propres à certaines couches*. On « parcourt beaucoup de roches sans en trou- « ver; mais là où l'on en trouve, elles sont « en grand nombre, très-rapprochées, et « surtout à de grandes hauteurs; propriétés « qu'elles ont de commun avec les *coquilles* « que contient la *pierre calcaire* des Hautes- « Alpes, de la Suisse et du Salzbourg..... « et qui repose sur le *grauwaque*, ou *grès* « très-ancien. »

C'est à regret que je me vois obligé de relever quelques hypothèses de M. HUMBOLDT, mêlées aux descriptions les plus utiles. Mais ces hypothèses feroient prendre aux faits eux-mêmes des directions par lesquelles ils tarderoient long-temps à devenir utiles pour la géologie; s'il n'existoit déjà dans cette science des bases solides qui les réclament. En effet, sa description de l'Amérique septentrionale sert elle-même à confirmer mon système, en tant qu'elle retrace, par tous leurs grands traits, les faits observés en Europe et en Asie sur lesquels il est fondé, d'après les meilleurs observateurs et mes propres observations. Quand on ne croit pas pouvoir trouver la *vérité*, on ne la cherche pas assidûment; ce qui pourtant est le seul moyen, non seulement d'y parvenir, mais de se pénétrer assez de ses vrais caractères pour repousser les *fictions*. Et ce qu'il y a de plus fâcheux, c'est que ceux qui désespèrent le plus de trouver la *vérité*, en couvrent la route par les hypothèses les plus hasardées, qui se détruisant les unes les autres, fortifient le scepticisme chez les gens inattentifs. Aussi entend-on dire souvent : « Que sont les « *systèmes géologiques?* puisqu'ils ne font « que se succéder, sans qu'il y demeure rien « de fixe! » Voilà ce que M. HUMBOLDT contribueroit doublement à accréditer, en affirmant d'abord, « qu'il n'y a point encore « d'*idées* qu'on puisse nommer *géologiques*, « dans tout ce qui est *devenu public* jus- « qu'ici; » et en interjetant lui-même ensuite les plus étranges *hypothèses*, qu'il auroit pu éviter avec un peu de réflexion. Il veut les substituer à une base qu'il attaque tout aussi légèrement, et qu'il ne me sera pas difficile de défendre, après avoir exposé ses propres idées sur les *couches primordiales* dont il s'agira ici; ce qu'il fait principalement, sous la dénomination de *primitives*, aux *pages* 47 et 48.

« *Partout* (dit-il) ces *couches* ſont un « angle de 50°. avec le méridien (*hora* 3—4 « de la boussole de Saxe), étant *dirigées* du « nord-est au sud-ouest, et *inclinées* (tom- « bant) de 60 à 80 au nord-ouest. Cette « *grande uniformité* dans les deux mondes « doit faire naître des *réflexions sérieuses*; « elles nous présentent *un grand fait géolo-* « *gique*. Après tant d'observations que j'ai « faites dans des pays aussi éloignés les uns « des autres, on ne pourra plus croire, que « la *direction* des *couches* suive la *direction* « des *cordillères* (chaînes), et que l'*incli-* « *naison* suive la *pente* des *montagnes* ».

Les observations de M. HUMBOLDT pouvoient certainement l'instruire sur ce dernier objet, même sans sortir de l'Europe; mais c'est-là une circonstance très-distincte de la première, que ses nouvelles observations sont loin d'établir : il a trop peu observé encore, quoiqu'il ait beaucoup vu, pour une telle généralisation. *Partout* (dit-il), et là-dessus il fonde un système, auquel même s'oppose sa première remarque, qui est très-juste. Il est, dis-je, certain, que la *direction* des couches ne suit pas toujours celle des *chaînes de montagnes*, et que *l'inclinaison* des premières,

mières, n'est pas toujours parallèle à la *pente* des dernières ; seulement, on n'avoit pas attendu sa remarque pour en être instruit; car on peut le voir en particulier dans les descriptions des *Alpes* par M. DESAUSSURE; et la raison qu'en donne M. HUMBOLDT, comparée à ce qu'il ajoute sur les *couches*, servira de moyen d'examen pour toutes ses hypothèses.

« Un *courant* (continue-t-il) a *creusé* « une *vallée* dans tel ou tel sens, a donné « telle *direction* apparente, en *emportant* une « partie de la *cordillère*. Les *couches primi-* « *tives*, inclinées et dirigées comme nous « les observons aujourd'hui, paroissent avoir « *préexisté* à ces catastrophes; elles sont « dans la même position au sommet des « Alpes et dans les mines que nous creusons. « Lorsqu'on voyage 15 lieues de suite, en « traversant des couches d'ardoises inclinées « parallèlement de 70°, au nord-ouest, on « *n'ose plus croire* que ce sont des couches « *renversées*, et qu'un jour elles étoient *ho-* « *rizontales*; cela indiqueroit des montagnes « de 15 lieues de haut : et la régularité avec « laquelle tout cela seroit tombé...... Et « l'abîme qui reçoit cette masse..... Et les

« *couches* à la lanterne de Gènes, ou en haut « de la Bouquetta, ou à St.-Maurice, qui « sont exactement parallèles à celles du Fich- « telberg, de la Galice, de la Silla de Cara- « cas, du Robolo dans l'isthme d'Araya, du « Cassiquiaré près de l'équateur...... Il faut « convenir que cette *uniformité* indique une « cause très-ancienne, très-universelle, *très-* « *fondée* sur les *premières attractions* qui ont « *agité la matière* pour l'*accumuler* dans les « *sphéroïdes planétaires*...... La *croûte* de « notre globe (car nous n'osons parler que de « celle-là) doit être le résultat d'une immen- « sité de *forces*, d'*attractions*, d'*affinités*, « qui se sont déterminées, balancées et mo- « difiées les unes les autres...... Nous *igno-* « *rons* les *causes*, mais continuons à *étudier* « *les phénomènes* ».

Lorsque M. HUMBOLDT est arrivé à cette dernière conclusion, il auroit dû passer la plume sur tout ce qui précède. Nous *ignorons les causes* (dit-il), et il laisse subsister la plus grande hypothèse *cosmogonique*; l'indication d'une *cause* de la *formation* des *planètes*; il la laisse, dis-je, subsister, sans chercher à comprendre, dans quelle partie de l'espace se trouvoit la *matière* avant l'opération qu'il suppose ; sans indiquer la *cause* qui lui imprima de premiers mouvements ; sans considérer ce qui, dans ce chaos, pût faire naître celui de *rotation*, ni ce qui produisit la *liquidité* dans les masses formées, circonstances également nécessaires pour leur donner la forme de *sphéroïdes ;* ni comment des matières plus *pesantes* que le liquide produit, pouvoient s'y *relever* en *couches* inclinées de 60 à 80 degrés ; ni enfin comment ces *couches*, au lieu de prendre une direction *parallèle* à l'équateur, ce qui au moins auroit eu quelque relation vague avec le mouvement de *rotation*, purent se trouver, comme il les suppose *partout*, former avec lui un angle de 40°, ou de 50 avec les méridiens.

Cependant, au travers de ce *farrago*, on voit l'idée que M. HUMBOLDT attache à l'expression *couches primitives*, et qui renferme déjà une *hypothèse*. Le *sphéroïde* de la terre, dans sa production même, dut selon lui, être déjà couvert, de ces *couches* formant sa *croûte ;* et toutes ses autres hypothèses découlent de celle-là, quoiqu'elle ne puisse se soutenir en considérant seulement la nature de ces *couches ;* leur homogénéité dans les espèces, les différences tranchées entre des espèces en appui les

V 2

unes contre les autres, la répétition des mêmes successions en différentes chaînes, et les très-grandes différences (au lieu d'uniformité) qu'on observe dans leur inclinaison. C'est en particulier à cause de cette hypothèse, qu'il a dû employer l'*Océan* à creuser *transversalement* ces *couches* en toute *direction*, pour trouver une cause des *vallées*, telles qu'elles existent, coupant les *couches* de manière, que leur *direction* ne suit pas toujours celle des *chaînes de montagnes*, et que leur *inclinaison* est rarement parallèle aux *pentes*. C'est encore pour cela qu'il a dû faire travailler l'*océan* pour s'abaisser par degrés jusqu'à creuser l'énorme sillon de l'*Atlantique*, laissant des portions des mêmes *couches*, avec même *direction* et *inclinaison*, dans l'Amérique d'un côté, et dans l'Afrique et l'Europe de l'autre; quoique sur ce point, essentiel à son hypothèse, il pense qu'il vaudroit la peine de chercher, *aux frais d'un gouvernement*, si ce qu'il *suppose* est *vrai*. C'est ainsi enfin, qu'après ce grand abaissement de l'*Océan*, on le voit reparoître à plus de 1000 toises plus haut, sur tout le globe, pour former les *couches secondaires*, et *développer les germes* des *animaux marins*.

Au temps de la publication de mes *Lettres sur l'histoire de la Terre et de l'Homme*, il y a 27 ans, je n'entendois rien encore aux montagnes de *granit*, *gneifs*, *schiste micacé*, etc. et je le déclarai; c'est à M. DESAUSSURE, comme je l'ai dit plusieurs fois, que j'en ai dû la première intelligence : mais précisément parce que je ne les comprenois pas, je n'adoptai point l'expression de *montagnes primitives* par laquelle quelques minéralogistes commençoient à les désigner; parce que cela sembloit emporter l'idée, qu'elles étoient aussi anciennes que le globe : je les nommai donc seulement *montagnes primordiales*, comme *antérieures* aux autres; expression que j'ai changée en celles de *couches primordiales*, après avoir reconnu que ces *couches*, non plus que toutes les autres, ne forment aujourd'hui des *montagnes* et *collines*, que par les catastrophes qu'elles ont essuyées. C'est contre ces catastrophes que M. HUMBOLDT objecte, et il le fait d'une manière qui semble péremptoire; ce qui, néanmoins, fût-il fondé n'autoriseroit pas l'hypothèse que je viens d'examiner. Son objection, que je répéterai d'abord, doit s'adresser ou à M. DESAUSSURE, ou à moi; mais elle se fixera sur moi par l'examen.

« Lorsqu'on voyage (dit-il) 15 lieues de « suite, en traversant des couches d'ardoises « *inclinées parallèlement* de 70°. au nord-« ouest, on *n'ose plus croire* que ce sont des « couches *renversées*; et qu'un jour elles « étoient *horizontales* : cela indiqueroit des « montagnes de 15 lieues de hauteur. Et la « régularité avec laquelle tout cela seroit « tombé...... Et l'*abîme* qui reçoit cette « masse...... Et les *couches* de la lanterne de « Gènes, ou en haut de la Boquetta, ou à « Saint-Maurice, qui sont *exactemment pa-« rallèles* à celles du *Fichtelberg*, de la « Galice, de la Silla de Caracas, du Robolo « dans l'isthme d'Araya, du Cassiquiaré près « de l'équateur......» Laissons pour le présent ce *parallélisme*, qui ne tiendra pas contre d'autres considérations. Je connois les quatre premiers des lieux nommés; et de même que, tous les lieux semblables, ils font naître des idées bien différentes quant à la *formation* des *montagnes*, qui est ici le sujet; idées qui se présenteront d'elles-mêmes en répondant aux autres objections.

M. HUMBOLDT objecte d'abord ; qu'une étendue de 15 lieues, mesurée à travers des *couches* parallèlement inclinées de 70°, supposeroit, pour que ces *couches* eussent été d'abord *horizontales*, qu'elles étoient élevées de 15 lieues. Je veux l'admettre pour un moment : mais s'il est *démontré* directement qu'elles ont dû être *horizontales*, seroit-ce là une objection contre le *renversement*, pour expliquer l'*inclinaison* qui existe? Non sans doute; cette *épaisseur verticale* antérieure seroit directement conclue d'un *fait*, et il faudroit bien l'admettre, puisque rien ne détermine *à priori* ce qui devoit être à cet égard. Mais le fait n'est pas ainsi : quand on *traverse* une si grande étendue de couches fortement inclinées, c'est au travers de *plusieurs rangs* d'éminences; et en relevant leurs *couches* par la pensée, elles ne doivent pas être placées *les unes sur les autres*, mais *bout à bout*. C'est à quoi on est conduit par certaines contrées à *houille*, où l'on exploite, sur diverses bandes, une même couche de *houille* bien définie, non par son épaisseur seulement, mais par les *couches pierreuses* qui l'accompagnent. Alors les *couches* sont aussi fort inclinées, et l'on suit celle de *houille* dans chaque *bande*, à-peu-près dans la même *direction*, en descendant suivant l'*inclinaison* jusqu'à ce qu'on soit arrêté par la difficulté de se délivrer de l'eau. Or pour estimer l'*épaisseur* qu'avoit la masse de ces différentes *couches* connues, quand elle étoit *horizontale* (ce qu'on ne disputera pas à ces couches par nombre de raisons) faudroit-il mesurer l'*étendue* du champ qu'elles occupent par leur *renversement?* Non, sans doute, cette *épaisseur* cherchée n'est que celle de chacune des *répétitions* du même assemblage de *couches*. Or c'est ce que M. DESAUSSURE a observé dans plusieurs vallées transversales des Alpes, où il décrit diverses *répétitions* des mêmes assemblages de *couches* fortement inclinées.

Mais, comme je l'ai dit, cette circonstance n'est point essentielle à la question. Quand M. DESAUSSURE établit cette grande proposition géologique, que les *couches* aujourd'hui si fort *inclinées* dans les montagnes, ont été *horizontales*, ce ne fut point en vue de leur *inclinaison*, à laquelle il n'avoit pas encore réfléchi; ce fut parce qu'il trouva directement, qu'elles devoient nécessairement avoir été *horizontales*. Le premier phénomène qui le frappa, fut celui de *couches* très-épaisses de *brèche*, aujourd'hui presque *verticales*, en appui contre le granit, ou d'autres pierres de formation plus ancienne, puisque les *fragments* de la *brèche* étoient de leur classe, dans une substance *schisteuse*, et que les *schistes* sans fragments qui les suivoient vers le dehors de la chaîne, étoient en appui contr'elles. Or voici son raisonnement. Pour que ces *couches* puissent renfermer des *corps étrangers*, il faut qu'elles aient été *molles*. Pour que ces *corps étrangers* soient des *fragments* d'autres *couches*, il faut que celles-ci aient déjà essuyé des *fractures* quand celles de *brèche* se formèrent. Pour que des couches d'abord *molles*, puissent avoir conservé le *parallélisme* qu'on y observe, il faut qu'elles aient été formées dans une situation au moins approchante de l'*horizontale*, et qu'elles se soient *durcies* en cet état. Pour que ces *couches*, qui doivent nécessairement avoir été *horizontales*, soient néanmoins presque *verticales*, quoiqu'enfermées entre d'autres *couches* semblablement situées, dont les unes, d'un côté, ont fourni les *fragments* de la *brèche*, et les autres, à l'opposite, sont de la même substance *schisteuse*, il faut que toute la masse de ces *couches* ait été en même temps *horizontale*, et qu'elles se soient formées les unes *sur* les autres. Ce sont-là des conséquences tellement immédiates des *données*, que le sceptique le plus déterminé ne sauroit se refuser à les admettre. Et quand on s'avance ainsi dans la *géologie*, les objections interjetées sans examen, et la foule des hypothèses chimériques peuvent bien un temps voiler cette science, mais ce voile doit tomber enfin.

Il faut lire avec attention, dans ses *Voyages aux Alpes*, le beau chapitre de M. Desaussure, intitulé : *Poudingues de la Valorsine* : il faut le voir ensuite, décrivant les aspects qu'il eut du sommet du *Cramont*, ayant près de lui le *Mont-Blanc*, et autour de lui une vaste étendue des *Alpes*; embrassant ainsi d'un coup d'œil, un champ dont il connoissoit déjà tous les détails. Il voyoit vers les dehors, des rangs d'éminences composées de *couches calcaires* à *corps marins*, s'élevant aussi haut que celles des *schistes*, contre lesquelles elles sont *en appui*, tournant comme elles leurs *tranches* supérieures vers le ciel, et *s'appuyant* en commun vers la chaîne centrale des pics *gravifiques*, dont les *couches* sont presque *verticales*. Les *vues* gravées qu'il a données de ses montagnes dans son ouvrage, ne laissent rien à désirer quant aux descriptions. Il voyoit encore au loin, d'autres *lignes centrales* qu'il décrit aussi. Là, contre l'idée de M. HUMBOLDT, on voit changer les *directions* et *inclinaisons*; les *couches* extérieures, leurs *tranches* sont aussi tournées vers le ciel, et elles *s'inclinent* de part et d'autre vers ces *lignes centrales*. Il faut lire encore la description des *Pyrénées* par M. RAMON DE CHARBONNIÈRE, ouvrage aussi attrayant qu'instructif, dans lequel il peint en paroles, les mêmes situations respectives des *couches* que M. DESAUSSURE avoit dessinées dans les *Alpes*. M. HUMBOLDT lui-même fait reparoître, quand il se borne à *décrire*, les mêmes phénomènes dans l'*Amérique méridionale*, et les descriptions de MM. PALLAS et PATRIN les font voir dans les montagnes de l'*Asie*; de sorte que ce sont-là vraiment des phénomènes généraux.

Dès que j'eus lu les descriptions et remarques de M. DESAUSSURE, me rappelant les objets, je fus frappé de la vérité de sa conclusion; et dès-lors toutes mes observations m'ont confirmé dans cette première idée, base de tout en *géologie*, que les *couches minérales* qui maintenant sont si fort *inclinées*, ont été formées comme toutes les autres, dans une situation *horizontale*. Tel est, dis-je, la conclusion immédiate de tous les faits, et qui sera enfin généralement reconnue. Mais quelle est la cause du *renversement?* Ici je différai avec M. DESAUSSURE, qui lui assigna d'abord un *soulèvement* dans les *lignes centrales*. Cette hypothèse expliquoit bien comment les *couches* étoient *renversées* de part et d'autre de la ligne où le *soulèvement* avoit eu lieu; mais il dût ensuite avoir des doutes, en ne trouvant pas, comme il le remarque lui-même, aux deux côtés de ces *lignes*, la *symétrie* que cette hypothèse lui avoit fait attendre; et même plusieurs autres faits la rendoient insuffisante. Il a annoncé ensuite de volume en volume la théorie à laquelle il s'étoit fixé par l'ensemble de ses observations; mais il a été malheureusement prévenu par la mort.

Quant à moi, en recevant de lui l'idée fondamentale, que tout m'a confirmée depuis, et l'associant à beaucoup d'autres faits qui m'étoient connus, mais qu'il n'avoit pas eu occasion d'observer dans ce temps-là, je vis clairement qu'il falloit considérer la catastrophe dans le sens inverse; c'est-à-dire, qu'au lieu d'un *soulèvement* dans les parties aujourd'hui les plus élevées, il falloit supposer des *affaissements*, non seulement le long de ces lignes, mais au loin, accompagnés de fractures des *couches* en tout sens, et de l'*engloutissement* total de grandes masses, dans les intervalles de celles qui sont demeurées debout; ce qui forme aujourd'hui les *vallées* dans les *montagnes*, et les *plaines* au-dehors. Tel est en peu de mots le système que j'ai développé dans mes lettres à M. DELAMÉTHERIE et au professeur BLUMENBACH, et dont je crois qu'on ne pourra douter lorsque j'aurai publié mes voyages descriptifs.

J'ai dit que M. HUMBOLDT, dans ses descriptions des *montagnes* d'Amérique, confirmoit l'un des deux faits dont M. DESAUSSURE avoit tiré sa conclusion fondamentale; c'est que les *couches calcaires* des rangs extérieurs des Alpes, qui doivent nécessairement avoir été *horizontales* puisqu'elles contiennent des *corps marins*, sont aujourd'hui *renversées* comme les schistes, les gneifs, les granits, etc. contre lesquels elles s'appuient, et que toutes montrent de la même manière leurs *fractures* sur les *sommets*. C'est par cette circonstance seule, qu'en langage de mineur ou de géologue, on peut parler de *direction* des *couches*; c'est-à-dire, parce que, s'étant *inclinées* après leur fracture, la prolongation latérale de leur plan, va couper l'horizon en deux points diamétralement opposés; *direction* que les mineurs déterminent par la boussole. Or voici ce que dit M. HUMBOLDT, *p.* 48. « Les *montagnes secon-« daires* que j'ai observées jusqu'ici, se « trouvent à-peu-près dans les mêmes rap-« ports que celles de l'Europe; les *plus an-« ciennes* paroissent avoir été affectées *de la « même cause* qui a déterminé les *couches « primitives* à se diriger *hora* 3—4 (ou « comme les marins s'expriment N. 50 E.): « elles sont, comme aux *Alpes* de Berne, « du Valais, du Tyrol et de la Stirie, sou-« vent *inclinées* au sud-est. » Or quelle cause peut avoir réduit à cet état des *couches*, qui renfermant des *corps marins*, doivent nécessairement avoir été *horizontales*, si ce n'est une catastrophe dans laquelle elles ont été *rompues* suivant une certaine *direction*, puis *inclinées* vers quelque côté? Et comment de telles masses, qui, dans de vastes étendues, se trouvent parallèles aux *couches primordiales* et en appui contr'elles, pourroient-elles avoir si fort changé de situation, sans que ces dernières eussent participé à la même catastrophe ?

Mais ce qu'il faut encore remarquer dans les faits, et que M. HUMBOLDT doit bien savoir, c'est que ce ne sont pas seulement les *plus anciennes* des *couches calcaires* qu'on trouve dans cette situation; car les *renversements*, procédants de *fractures* en certains points, et les *affaissements* vers certains côtés, embrassent toutes les couches suivantes, depuis les *couches calcaires* du Jura et du *Heinberg* près de Gottingue, que M. HUMBOLDT connoît, et autres chaînes semblables, passant par les *collines* à *couches* de pierre *calcaire* et *sableuse*, souvent de *granit* et de *schiste*, jusqu'aux couches de *sable meuble* qui recouvrent celles-là en tant d'endroits. En un mot, toute la surface de nos continents ne présente que des *ruines* de *couches*, dans les *plaines* et *collines* comme dans les *montagnes* ; et en suivant ces signes extérieurs, et pénétrant d'après eux, par la pensée dans l'intérieur du sol, il est impossible de ne pas comprendre que les mêmes catastrophes ont embrassé les *couches* inférieures, jusqu'aux *couches primordiales* que celles-là recouvrent, mais dont on trouve partout de grands et petits fragments à l'extérieur.

Il est encore une autre circonstance à laquelle M. HUMBOLDT ne fait pas attention, quoique sans doute il ne l'ignore pas; c'est que si l'on trouve çà et là des *couches secondaires* demeurées dans la situation *horizontale*, ce cas est très-fréquent à l'égard du *granit*, du *gneifs*, des *schistes micacés*, etc. De ces *couches* (veux-je dire), qu'il nomme *primitives*, et qui selon lui ont *partout* une même *direction* et inclinaison. Mais toutes les fois que, dans des lieux élevés, ces *couches* de tout genre sont demeurées à-peu-près horizontales, on voit aussi devant elles des *sections abruptes*, et le reste de la masse est *affaissée*. Je n'en donnerai pour exemple que le *Mont-Rose*, si bien décrit par M. DESAUSSURE, dont la hauteur est peu inférieure à celle du *Mont-Blanc* et dans la même chaîne, et dont les *couches* de *granit veiné* (comme les nomme M. DESAUSSURE) ayant fort peu d'*inclinaison* en comparaison de celles du *Mont-Blanc*, offrent d'un côté une immense *section circulaire*, avec tous les mêmes caractères

caractères que j'ai observés dans les *couches calcaires* du *Jura*, et que je décrirai dans mes voyages géologiques.

Il ne faut que décrire réellement les faits, comme M. DESAUSSURE l'a toujours fait, et comme je l'ai fait aussi dans ces *voyages*, pour que tout lecteur attentif, qui se rappellera seulement ce qu'il a eu occasion de voir, ou qui retournera aux observations, soit convaincu, que toutes nos *couches minérales* ont été *rompues*, *renversées* et en grande partie *affaissées*. Mais dit Monsieur HUMBOLDT : « Et l'*abîme* qui *recevoit* cette « *masse !* » Cette manière de s'exprimer fait voir qu'il s'adressoit à moi; car s'il eût eu dessein de diriger son objection contre M. DESAUSSURE, du moins d'après ce qu'il a publié sur cet objet, il auroit dû dire : « Et « l'*abîme* qui *se formoit sous* cette *masse !* » En quoi il auroit eu raison. Ce fut-là une des considérations, de divers genres qui me déterminèrent pour le mouvement inverse ; parce qu'en expliquant le même effet qu'il avoit seul en vue, il en embrasse beaucoup d'autres, et qu'il ne donne pas lieu à cette objection, que, dans mon premier ouvrage de géologie, j'avois déjà faite contre tous les systèmes où l'on faisoit intervenir des *soulèvements* de la masse des *couches;* j'avois, dis-je, objecté, qu'aucun grand effet semblable n'auroit pu être que momentané, parce que la masse *soulevée* seroit nécessairement retombée, quand les *fluides intérieurs* auxquels M. DESAUSSURE assignoit aussi cet effet, se seroient échappés au travers des *fractures* de cette masse. Mais sans doute que les *affaisements* supposent des *cavernes* préexistantes, et c'est sur cela que porte l'objection de M. HUMBOLDT, à laquelle par conséquent je dois répondre.

Quand nous n'aurions en vue que la cause du *renversement* des *couches*, avec toutes les circonstances que je viens de tracer en abrégé; dès qu'il n'y a, comme je le crois, d'autre moyen d'expliquer ce grand phénomène, qu'en supposant des *cavernes* dans lesquelles une grande partie de la masse des couches s'est *affaissée* à diverses fois, il faudroit bien les admettre. Mais je veux laisser à part pour un moment les phénomènes des *couches*, et je demanderois à M. HUMBOLDT, comment il explique la circonstance non moins grande, la première même vers laquelle le géologue devroit tourner ses regards, que le *liquide* dans lequel les *couches* se sont formées, après avoir été sur *tout le globe* à la *hauteur* au moins où l'on trouve, dans toutes ses parties, des *corps marins* et des *pierres roulées*, est néanmoins réduit dans le *bassin* de la *mer* actuelle à un niveau très-inférieur ? C'est ici un objet majeur ; car la quantité de ce *liquide* qui manque aujourd'hui à l'extérieur, est beaucoup plus grande que celle qui y demeure : où donc est-elle maintenant? Si on ne la suppose pas dans l'intérieur du globe, il n'y a d'autre réponse que celle de M. DE MAILLET (*Telliamed*); savoir, que cette quantité de *liquide* s'est *évaporée* : hypothèse bien plus soutenable que celle de M. DE BUFFON, qui vint ensuite, ou qui du moins exigeoit la réunion de plus de faits pour être réfutée, comme je l'ai fait dans mon premier ouvrage de géologie.

Voilà donc un grand phénomène général, qui n'exige pas moins que la situation actuelle des *couches minérales*, qu'il ait existé de vastes *cavernes* dans l'intérieur du globe. Mais maintenant, quelle est l'*origine* des *couches* elles-mêmes? Car je ne crois pas que beaucoup de naturalistes supposent avec M. HUMBOLDT, que le *sphéroïde de la terre* s'est *composé* originairement, *par les premières attractions de la matière*, d'un amas de *planches pierreuses* appuyées les unes contre les autres, comme des *planches* de bois dans un chantier. La cause qui a produit ces *couches* doit être certainement l'objet final auquel tendent toutes les recherches en *géologie*; car il n'est aucun autre grand objet qui ne s'y trouve lié, et qui puisse être expliqué sans celui-là. Or l'observation est arrivée au point de montrer clairement, que les *couches minérales*, dans leurs divers genres et espèces, ont dû être produites successivement, par des *précipitations chimiques*, dans un même *liquide*; ce qui fut encore une des grandes conséquences tirées par M. DESAUSSURE de l'ensemble de ses observations; et tous les géologues attentifs l'ont adoptée.

Je ne m'étendrai pas ici sur ce que j'ai exposé dans mes derniers ouvrages, à l'égard de la marche des opérations qui ont eu lieu sur notre globe depuis l'époque (*origine* de toutes les opérations *chimiques* dans l'Univers) à laquelle, par l'addition de la *lumière* à la *matière du feu*, *l'élément* de l'*eau* fut *liquéfié* sur la terre; mais je les indiquerai succintement, pour les comparer, dans leurs conséquences visibles, à ce que M. HUMBOLDT est obligé de supposer, d'après son hypothèse sur l'*origine* des *couches minérales*.

Après la *liquéfaction* de l'élément de l'*eau*, toute la terre fut couverte, à une grande profondeur, d'un *liquide* qui tint en dissolution mutuelle les principaux éléments de ces *couches*; et le reste de la masse de la terre, sur laquelle ce *liquide* reposa, étoit composé d'autres *éléments* désunis, sous la forme de poudres très-fines, ne pouvant en cet état exercer aucune action chimique les uns sur les autres. Le *liquide* commença de s'infiltrer dans ces *pulvicules*, et les fit *affaisser*, comme il arrive au sable ou à la farine lorsqu'on l'arrose; et en même temps il y produisit des combinaisons chimiques, d'où résultèrent entr'autres des *fluides expansibles*, qui, s'élevant dans le *liquide* extérieur, y occasionnèrent, avec de premières *précipitations*, le dégagement d'autres *fluides expansibles*, qui commencèrent de former une *atmosphère* autour du globe.

La *croûte* des *couches minérales* se forma donc sur ce fond désuni, qui, continuant de *s'affaisser*, mais inégalement, fut parsemé de *cavernes*, dans lesquelles quelques parties de la *croûte* s'enfoncèrent d'abord. Alors de nouvelles quantités de *liquide* passèrent sous elle, et pénétrant plus avant dans les *pulvicules*, elles y renouvellèrent les *opérations chimiques*, et produisirent de nouvelles *cavernes*. Le *liquide* extérieur, successivement dépouillé des substances qui formoient les *couches*, fut différemment affecté par les *fluides expansibles* qui s'élevoient de l'*intérieur*; ce qui lui fit produire successivement de nouvelles espèces de *couches*, qui, de même que les premières, éprouvèrent des *ruptures* et *affaissements* partiels, à cause des *cavernes* qui continuoient de s'étendre dans l'intérieur du globe, divisées et soutenues les unes sur les autres par des parties des *pulvicules* qui devenoient *concrètes*.

C'est-là un simple indice du genre de ces diverses opérations simultanées, souvent renouvellées par de nouvelles catastrophes des *couches*. Dans le cours de ces opérations, il y eut une époque où la croûte des *couches* s'affaissa à-la-fois dans une grande étendue du globe, et tout le *liquide* qui restoit à l'extérieur, se retira sur cette partie; ce fut la première *mer*, et de premiers *continents* parurent. Les mêmes opérations continuèrent dans cette *mer*, et c'est durant cette période que se formèrent les *couches secondaires* des diverses classes. Cependant le *liquide* continuoit de s'infiltrer sous les premiers *continents*, qui reposoient sur une masse de *pulvicules* où les affaissements ne s'étoient pas d'abord prolongés bien avant; mais ils gagnèrent par degrés vers le centre de la terre, et de vastes *cavernes* s'y formèrent ainsi les unes sur les autres. Enfin, à une certaine époque, ces *continents* s'affaissèrent jusqu'au-dessous du niveau de la *mer*, qui se versa sur eux et les couvrit, abandonnant ainsi son *lit*, qui devint *nos continents*.

Tel est, par ses grands traits, le résumé de l'*histoire de la terre* d'après mon système, sur lequel je me bornerai ici à deux remarques, dont la première est celle-ci. Outre d'autres circonstances dans lesquelles je n'entrerai pas, l'étude seule de nos *couches minérales*, par la quantité de débris de *végétaux* et d'*animaux* terrestres contenus dans quelques-unes, certifie qu'il existoit des *terres* tandis que nos *continents* étoient le *lit* de la *mer*. Entre les naturalistes qui oublient l'*histoire* de la *terre* que nous avons dans la *Genèse*, il y en a plusieurs qui, pour expliquer le grand phénomène de *continents* antérieurs, ont formé des hypothèses de *renouvellement* des *continents* par des *causes* toujours existantes sur notre globe. Les uns ont imaginé un transport de la *mer* d'orient en occident; d'autres ont fait changer lentement l'*axe* de la terre, et ainsi la *tumeur* des eaux sous l'*équateur* et leur *abaissement* vers les pôles; d'autres ont imaginé des *soulèvements* et *abaissements* alternatifs de *continents*, et autres chimères pareilles, qui se détruisent les unes les autres, et ne peuvent soutenir un moment d'examen réel, comme je l'avois déjà montré dans mon premier ouvrage géologique. Tous les grands phénomènes géologiques qui nous font tourner nos regards vers le passé, tels que la formation successive des *couches*, leurs *affaissements* partiels à diverses reprises, les deux grands *affaissements* embrassants une grande partie du globe, événements attestés par des *monuments* très-intelligibles, avoient leurs *causes* dans la première constitution de la terre. Ces *causes* sont épuisées, et leurs effets ont cessé depuis la dernière grande catastrophe qui a donné naissance à nos *continents*. Car dès-lors, il n'y a plus eu de formation de nouvelles *couches minérales*, le *liquide* de la nouvelle *mer* s'étant trouvé dépouillé des substances qui pouvoient en produire; il ne s'est plus fait de ces *ruptures* des couches par lesquelles de nouvelles quantités du *liquide* s'introduisoient dans l'intérieur du globe et y renouvelloient les mêmes opérations chimiques; les *volcans* restent les seuls symptômes de quelque grande opération souterraine, et ni le lit, ni le niveau de la *mer* n'ont sensiblement changé. Quant aux *continents*, ils ne sont sujets qu'à l'action des causes atmosphériques, à celles de la gravité dans les faces escarpées, des eaux courantes à la surface, ou de la mer sur les *côtes*, dont elle tend à détruire les *endentures*. Toutes ces opérations sont très-bien connues, et toutes aussi sans exception et dans leurs divers genres, attestent que ces *continents* ont peu d'antiquité. Les descriptions mêmes données par M. HUMBOLDT des montagnes, des plaines, des lits des rivières, et des côtes de l'Amérique méridionale, retracent tout ce que j'ai fait remarquer à cet égard en Europe, et que je rendrai plus sensible par des détails précis dans les voyages géologiques que j'ai à publier.

La seconde remarque que j'ai annoncée, regarde la nature de mon système, comparativement à tous les autres, et en particulier aux hypothèses de M. HUMBOLDT. Tous ceux qui se sont donné la peine de l'étudier, auront pu remarquer ceci : qu'il n'y a qu'une seule *hypothèse*, et dont j'ai averti d'entrée; celle que la terre fut d'abord composée de simples *poudres* désunies, susceptibles de *s'affaisser* par l'infiltration de l'eau. La déclaration d'une hypothèse fondamentale de ce genre, dès qu'on forme quelque système géologique, est la condition qu'ont exigée tous ceux qui ont reconnu que l'*état présent* de la terre est le dernier résultat d'une succession d'*états passés*, à partir d'une certaine *époque :* ils ont, dis-je, exigé, entr'autres le P. PINI et MM. DE DOLOMIEU et DESAUSSURE, que si l'on entreprenoit de déterminer une *histoire* de ces divers états, on fixât premièrement, par des caractères physiques, l'*état* dans lequel on supposoit avoir été la terre *au commencement* de ces opérations; indiquant ensuite les *causes physiques* qui avoient changé cet *état*. M. HUMBOLDT lui-même l'a senti dans les excursions de son imagination, en formant l'*hypothèse* à laquelle je reviendrai dans un moment. Or après l'hypothèse dont j'ai parlé, tout le reste de mon système ne consiste qu'en des *conclusions* successivement *immédiates*, de *faits* bien déterminés, et de *principes* reconnus en *chimie* et en *mécanique*. Si donc tous les grands traits géologiques sont ainsi expliqués, sans mélange de conclusions arbitraires, sans qu'aucun *fait*, ni principe reconnu puisse s'y opposer légitimement (et l'on ne m'en a opposé aucun) l'*hypothèse* fondamentale est prouvée par cela même. Ce qui au reste ne regarde que les *causes*; car les *événements* eux-mêmes, tels que je les ai décrits, n'en dépendent point.

Je viens maintenant à l'*hypothèse* fondamentale de M. HUMBOLDT, exprimée transitoirement, savoir : « Cette grande *uniformité* », (prétendue de la *direction* et *inclinaison* des *couches primordiales* sur toute la terre), « indique une *cause* très-ancienne, très-uni« verselle, très-fondée sur les *premières* « *attractions* qui ont agité la *matière*, pour « l'*accumuler* dans les *sphéroïdes* des *pla*« *nètes*. » En partant de cette grande uniformité supposée, il faut cependant former ces *chaînes de montagnes* dont il avoit cru remarquer le premier, « que la *direction* et *in*-

« *clinaison* des *couches primitives*, l'angle « qu'elles forment avec le méridien du lieu « et l'axe de la terre, sont indépendantes de « leur *direction* et de leur *pente* ». Et à la *page* 47 : « On ne pourra plus croire, que la « *direction* des *couches*, ou la *direction* des « *chaînes*, ni que leur *inclinaison*, suive la « *pente* des montagnes ». Or comment pouvoit-il expliquer ce grand phénomène, avec des *couches* qui n'ont point changé de *situation ?* C'est-à-dire : comment les *vallées longitudinales* des amas des *montagnes* et les *plaines* adjacentes, qui déterminent la *direction* des *chaînes*, ont-elles pu couper obliquement la *direction* des *couches ?* Et pourquoi les *pentes* n'y sont-elles pas toujours au moins d'un côté, parallèles à leur *inclinaison ?* Ce phénomène s'explique très-naturellement par les *fractures*, *renversements* et *affaissements* partiels de la masse des *couches ;* et les détails, dans lesquels je n'entre pas, obligent de les admettre. Mais M. HUMBOLDT qui ne les admet pas, est obligé d'avoir recours à une autre cause mécanique. Il dit donc, à la suite du dernier passage ci-dessus : « Un *courant* a « *creusé* une *vallée* en tel et tel *sens*, et « donné telle ou telle *direction* apparente, en

« *emportant* une *partie* de la *cordillère.* » Cette opération est analogue à celle qui doit avoir *creusé* le *canal* dans lequel se trouve l'*Atlantique*, et n'en est pas meilleure; elle montre que M. HUMBOLDT s'interroge rarement lui-même, quand quelque hypothèse lui vient à l'esprit : car il auroit dû d'abord se demander, et même nous dire, s'il plaçoit ce *courant* dans la *mer*, ou sur les *continents* à sec; et dans l'un ou l'autre cas, il auroit dû chercher de tels *courants* dans l'état actuel du globe, ou montrer comment ils ont pu y exister dans quelque période passée. De plus, c'étoit bien là une occasion de réfléchir sur cette remarque qu'il rapporte lui-même à la *page* 43. « M. THALLES dit qu'en Suisse, la « *profondeur* des *lacs* doit plus étonner les « naturalistes que l'*élévation* des *montagnes* ». A quoi il ajoute : « J'oserois presque assurer « la même chose des *Llanos* de l'Amérique « méridionale. Quel spectacle frappant que « celui d'un *continent* dont les grandes par-« ties dans l'intérieur, et des parties éloignées « de plusieurs centaines de lieues de la côte, « et voisines de *montagnes* qui ont 3000 « toises de haut, n'ont que 40 à 50 toises

« d'élévation au-dessus du niveau actuel des « eaux! »

M. HUMBOLDT ne dit pas ce qui l'a *frappé* en cela, ni comment il se l'est *expliqué*; mais voici qui peut conduire à l'idée qu'il s'en est peut-être formée. Il parle (*p.* 37) de la cordillère de la côte de Venezuela, et fait cette remarque. « La pente septentrionale est par« tout très-rapide, et il y aura à peine, à « l'exception du *Mont-Blanc*, au-dessus de « Courmayeur, un précipice aussi affreux « que la *muraille* perpendiculairement élevée « de 1300 toises que présente la *Sylla de* « *Caracas* au-dessus de Caravalledo..... Ce « phénomène d'une pente plus douce au sud, « paroît contraire à ce qu'on a observé dans « d'autres cordillères du monde, que l'on « prétend toutes s'abaisser plus rapidement « au sud et à l'ouest. Mais cette contradiction « n'est qu'apparente; la partie septentrionale « de la cordillère *ayant été emportée* par *les* « *eaux du golfe du Mexique*, lors de la *grande* « *catastrophe* de sa formation. » Quelle *catastrophe?* Il en parle quelquefois, mais ne la définit jamais. Mais la grande *muraille* du *Mont-Blanc*, celle du *Mont-Rose* et tant d'autres dans l'intérieur de l'*ancien monde*, ont-elles aussi été formées par les eaux? Et cette *profondeur* des *lacs* de la Suisse, aux débouchés des *vallées* des Alpes, plus frappante sans doute que l'*élévation* des *montagnes* qui les environnent, parce que l'imagination n'a aucune ressource pour les *creuser?*

Ces opérations mécaniques chimériquement attribuées à l'eau, et auxquelles ont eu recours tant d'écrivains qui ont fait des systèmes géologiques avant que d'avoir embrassé, même en très-petite partie, ce qui est déjà connu des phénomènes terrestres, quelque grand champ qu'ils paroissent quelquefois avoir parcouru; ces *opérations*, dis-je, ne sont si légèrement supposées, que par le peu d'attention qu'on a apportée dans l'étude des effets réels des *eaux courantes*, effets qu'on aggrandit d'autant plus, qu'on les connoît moins. Je les avois déjà décrits en général, dansmon premier ouvrage géologique; mais pour tâcher d'y fixer enfin l'attention de ceux qui ne les connoissent pas, j'ai fait deux voyages particulièrement destinés à cet objet, dans lesquels j'ai suivi le cours de quelques *rivières*, depuis leur formation dans les montagnes, et au travers des collines et des plaines. C'est dans des contrées connues de M. HUMBOLDT; ainsi il pourra aisément suivre mes descriptions à son retour, parce que j'espère qu'il les trouvera publiées. J'y trace avec soin les opérations réelles et visibles des *eaux courantes;* ce qu'elles ont produit en chaque lieu *depuis qu'elles y coulent;* l'état où devoient se trouver ces lieux-là quand elles ont *commencé d'y couler;* et le travail qu'il leur reste à faire pour qu'elles ne puissent plus y produire de dégradations. Il s'agira là d'*exemples* particuliers, mais c'est de cas généraux, qu'on peut observer partout dans les circonstances semblables, communes à toutes les *rivières* et *torrents*, et il en résulte trois propositions géologiques aussi importantes qu'indubitables. — 1. Que nos *continents* sont fort peu anciens. — 2. Qu'ils ont très-peu changé depuis qu'ils existent. — 3. Qu'en particulier tous les grands traits des *montagnes*, les irrégularités de leurs *sommets*, leurs *vallées*, les fortes *inclinaisons* de leurs *couches* en divers lieux, tandis qu'elles demeurent *horizontales* en d'autres (ce qui est commun aux *couches secondaires* comme aux *couches primordiales*);

mordiales); les surfaces *abruptes* qu'elles présentent en tant d'endroits vers les *plaines* comme dans les *vallées*, que tous ces phénomènes, dis-je, ne procèdent que de *ruptures*, et d'*affaissements*, tant partiels que généraux de la masse des *couches*, tandis qu'elles formoient encore le *lit de la mer*, et ainsi avant l'existence des *rivières* connues.

Je ne ferai plus qu'une remarque sur le mémoire de M. HUMBOLDT, qui servira à prouver, non peut-être, qu'il auroit dû chercher à voir beaucoup plus avant que de former aucun système géologique; car je crois qu'il a beaucoup vu, mais que ce qu'il a vu est encore désuni, épars, mélangé dans son esprit; de sorte qu'il n'en lie point les parties pour en faire naître cette lumière que les faits de la nature répandent les uns sur les autres, et par laquelle, de *conclusions* en *conclusions* toujours *immédiates*, on arrive enfin à des propositions générales aussi directement appuyées sur les *faits*, que les théorèmes les plus élevés de la géométrie, le sont sur les premiers *axiomes*.

Au début de son mémoire (*p.* 31), faisant quelques réflexions préliminaires sur les phénomènes des *couches minérales* dont il a été question jusqu'ici, il ajoute : « Toutes ces « idées sont du plus grand intérêt, non seu- « lement pour le *philosophe*, qui cherche à « s'élever aux *idées générales ;* mais aussi « pour le *mineur;* dont l'art consiste à *devi- « ner* ce qu'*il ne voit pas*, et qui doit se fon- « der sur l'analogie des expériences (obser- « vations, sans doute) déjà faites. » Ceci présente en effet deux objets très-importants, chacun dans son genre, l'un pour le *philo- sophe*, l'autre pour le *mineur*; je commence- rai par ce dernier, parce qu'il éclairera l'autre.

Si le *mineur* à qui le mémoire de M. HUMBOLDT viendroit à être connu, y considé- roit moins les *faits* que les *hypothèses*, il re- culeroit beaucoup dans les connoissances né- cessaires à son art, dans celles mêmes que M. HUMBOLDT doit en avoir reçues, quoiqu'il n'en fasse pas usage. Quand on seroit réduit à l'observation de l'*extérieur* des montagnes, pourvu qu'en en tirant des conséquences sur leur masse entière, on y procédât d'après une description exacte des phénomènes, et par des conclusions immédiates, on arrive- roit à une connoissance très-distincte de leur *intérieur :* et d'un autre côté, le *mineur* fut-il un *gnome* naturaliste, qui n'auroit jamais vu l'*extérieur* des montagnes; en s'avançant dans l'*intérieur* avec son pic et sa lampe, sa boussole, son fil tendu et son demi-cercle, il se formeroit aussi une idée très-nette de l'*extérieur;* tant il y a de rapports de l'un à l'autre de ces états.

M. HUMBOLDT, qui a sûrement visité les *filons*, auroit-il quelque chose à objecter contre l'idée sur laquelle en particulier nous sommes d'accord M. WERNER et moi, que leur *gangue* s'est formée dans des *fentes?* Long-temps après avoir adopté cette idée, en visitant les mines du *Hartz* sous la conduite de feu M. le Baron DE REDEN, qui en étoit le chef, j'ai eu occasion de la fortifier à *Freyberg*, dans un des derniers voyages que j'ai à publier; M. WERNER m'y ayant fait observer de nouvelles circonstances, qui appuient et éclairent cette importante conclusion géologique, dont voici les conséquences indubitables.

Les *filons* se trouvent souvent *très-inclinées*, et entre ceux-là, il y en a de plusieurs toises de largeur. Or, de même que les *couches de brèches* mêlées à des *couches* homogènes *très-inclinées*, certifient que toute la masse de ces *couches* a dû être une fois *horizontale*; des *filons* aujourd'hui *très-inclinés*, certifient que la masse des *couches* qu'ils traversent, celles qui forment la *montagne*, *colline* ou *plaine*, a dû être une fois dans telle situation, que les *fentes* dans lesquelles la *gangue* s'est formée, furent *verticales* : car les *fentes* elles-mêmes n'ont pu se faire que dans ce sens; puis qu'autrement, ce qu'on nomme le *toit* des *filons*, n'auroit pu se séparer du *mur* sans soulever la masse supérieure, ce qui est impossible. Voici donc une *conséquence immédiate* de cette première circonstance des *filons*; conséquence qui se lie à tout ce que j'ai dit de la formation des *montagnes*, puisqu'elle embrasse toute la masse des *couches* dont elles sont formées. Depuis que les *filons* ont pris naissance, la masse entière des couches qui les contient a été *renversée*.

Mais les informations qu'a déjà le *mineur* ne se bornent pas à ce premier objet; elles nous conduisent à reconnoître *catastrophe* sur *catastrophe* arrivées à la masse des montagnes à *filons*, qui sont en plus grande partie dans les chaînes de montagnes, ou même de collines à *couches primordiales*. En certains cas, d'abord, comme M. WERNER me l'a fait voir à *Freyberg*, pays de simples *collines*, après la formation de quelques *filons*, les *fentes* se sont *élargies;* ce qui a donné lieu à la formation de nouvelles *gangues* à côté des premières. Les *filons* eux-mêmes, en nombre de lieux, soit au temps où ils ont été *renversés*, soit postérieurement, ont été *rompus* avec la masse des couches, tantôt dans le sens de leur *inclinaison*, tantôt dans celui de leur *direction*, et quelquefois dans l'un et l'autre sens, avec *affaissement* inégal des masses séparées, et souvent *élargissement* des *fractures*; et c'est delà que procède ce qu'on nomme les *faux-filons*, où l'on perd ceux qu'on poursuivoit. Or cet ensemble de phénomènes observés dans l'intérieur des montagnes, indique les mêmes catastrophes qu'on voit si clairement à l'extérieur.

Si donc le *géologue*, après avoir reçu du *mineur* la connoissance des faits que je viens d'indiquer, peut (ce dont je ne doute pas) lui donner des avis utiles, qui diminuent les difficultés de son art, ce ne sera pas en lui disant d'après M. HUMBOLDT : « Les *premières* « *attractions* qui ont agité la *matière*, l'ont « accumulée dans les *sphéroïdes planétaires*,

« formés en *couches* qui ont *partout* une *di-*
« *rection hora* 3—4, et une inclinaison de 60
« à 80 degrés; et ce qui a déterminé la forme
« des *chaînes*, sont des *courants* qui ont
« *creusé* les vallées en tel et tel *sens*, et don-
« né telle ou telle *direction* à la *chaîne* ». Car ces changements n'affectant que l'*extérieur* des montagnes, le *mineur* seroit conduit à croire, que l'*intérieur* n'a pas changé depuis la formation du globe; et ne comprenant plus rien alors à ce qu'il voit, son art deviendroit un pur empirisme.

Mais si le *géologue*, examinant avec le *mineur* l'extérieur des montagnes, lui disoit: « Voyez ces *couches* qui, par leur nature même, les *brèches* par exemples doivent avoir été formées dans une situation *horizontale*, et qui aujourd'hui se trouvent avoir une forte *inclinaison*: n'en concluez-vous pas, qu'elles-mêmes, ainsi que toute la masse de celles qui les renferment, ont été *rompues* et *renversées*? Voyez les deux rangs de *montagnes* qui bordent cette *vallée*: ces masses sont composées des mêmes *couches*; mais la *vallée* peut-elle avoir été *coupée* par un *courant*? tandis que les *couches* s'*inclinent* des deux côtés vers elle; — ou, tandis que des deux côtés elles s'*inclinent* vers l'extérieur; — ou, tandis que d'un côté elles sont demeurées *horizontales*, quoiqu'elles plongent à l'autre côté; — ou encore, tandis que les mêmes *couches*, aisément distinguées, se trouvent à des niveaux très-différents (car tous ces cas se rencontrent). Cherchez encore les matériaux qui auroient dû être enlevés de ce vaste espace, si quelque *courant* l'eût *creusé* : ils auroient dû suivre la *pente* de la vallée; mais bientôt, sur la seule route qui leur fût ouverte, vous allez trouver le *bassin* d'un *lac*; une *cavité*, que ces matériaux auroient dû combler avant que d'autres pussent passer au-delà. Aucune *pierre* n'est donc sortie de cette *espace*, et cependant il étoit une fois rempli des mêmes *couches* dont on voit les restes aux deux côtés : mais ces restes sont dans un tel désordre, leurs fractures sont si visibles, que si vous vous demandez ce qu'est devenue la *masse* qui manque, vous ne pourrez que la suivre dans l'*intérieur* par la pensée. Voyez encore, dans ces rangs de *montagnes* où se trouvent vos *filons*, les grandes *crevasses* qui les divisent en différentes *éminences*, où les mêmes *couches* ne se trouvent pas à la même hauteur, et où leurs *inclinaisons* ne sont pas égales. Cela n'indique-t-il pas sûrement, que les masses même de ces *couches* qui, par leur plus grande élévation, forment aujourd'hui les *montagnes*, ont éprouvé de violentes secousses, des *fractures* partielles et des *renversements* dans la même catastrophe qui a formé la *vallée*, et toutes les *vallées* adjacentes, par l'*affaissement* des masses qui manquent entre les *éminences*, et qu'ainsi l'*intérieur* des montagnes doit participer à tous les *accidents* des *couches* qu'on peut si bien déterminer à l'*extérieur*.

« Voici donc ce que vous pourriez entreprendre. Après avoir trouvé dans quelle *situation* devoit être le *plan* des *couches* lorsque vos *filons*, aujourd'hui *inclinés* d'une certaine quantité et dans une telle *direction*, ont dû se former *verticalement*, ce qui vous indiquera d'abord la nature de la catastrophe qu'ont dû subir dès-lors les *couches*, et celles qui avoient précédé; étudiez à l'extérieur, dans tous ses détails, l'état actuel des *couches* partout où, sur les sommets ou dans les pentes, vous pouvez les trouver à nud; et là où vous trouverez la moindre différence sensible dans la position du *plan* des couches, comparativement à celle que vous aurez d'abord déterminée, vous pourrez en conclure sûrement, des *ruptures* qui ont dû affecter les *filons*; et en prolongeant géométriquement sur le papier, comme dans la montagne, ces observations extérieures bien déterminées, il pourra en résulter des indices pour retrouver vos *filons*, plus *haut* ou plus *bas*, dans les lieux où vous venez à les *perdre* ». Je me borne à cette légère esquisse, qui n'est pas une simple spéculation ; car c'est la marche que m'a fait suivre autrefois M. le baron DE REDEN, sur les montagnes et dans les vallées du *Hartz*, après avoir suivi plusieurs *filons* dans l'intérieur. Par sa *boussole* il me les indiquoit tous à l'extérieur; il connoissoit les lieux où ils se trouvoient *coupés*, et la situation des *couches*; et dans plusieurs courses que nous avons faites ensemble, en divers temps, dans ces montagnes et leurs environs, cherchant, par ces *monuments* intérieurs et extérieurs, les *événements* qui devoient s'être passés dans cette région, nous fûmes également convaincus du système que j'ai esquissé ici.

En m'arrêtant à cet examen comparatif de l'intérieur et de l'extérieur des montagnes, j'ai eu encore en vue de le donner pour exemple de la manière en laquelle doivent concourir toutes les classes, genres et espèces de *faits* relatifs à un objet quelconque de recherches, avant qu'on puisse s'y *élever* avec sûreté à des *idées générales*. Or combien plus doit-on suivre à cet égard les principes lumineux du grand génie dont les leçons ont été le principal objet de l'ouvrage que je vais terminer, quand on se propose, comme le fait M. HUMBOLDT, de rassembler des matériaux pour le *philosophe!* Et à quelles *idées générales* encore vouloit-il *s'élever?* Aux plus générales de toutes celles qui concernent le *mônde*, la *nature!* Mais il n'a pas abordé ce grand sujet avec le principe fondamental de BACON, principe commun à tout vrai Chrétien et vrai Juif; que les hommes ont reçu à cet égard des *instructions* de l'AUTEUR même de la *nature*; et il est ainsi un nouvel exemple de ce que j'ai souvent eu occasion de montrer; que lorsqu'on néglige ces *instructions*, on s'écarte bientôt de la *nature* elle-même.

FIN DE L'APPENDICE.

DE L'IMPRIMERIE DE CLOUSIER,
RUE DE SORBONNE, N°. 390.

TABLE

DES MATIÈRES

Contenues dans le second Volume.

Fin de la Table du Tome Second.

www.ingramcontent.com/pod-product-compliance
Ingram Content Group UK Ltd.
Pitfield, Milton Keynes, MK11 3LW, UK
UKHW012153240726
13966UKWH00002B/316

9 782013 362719